les

Pains et Viennoiseries

PRIX DE
LITTÉRATURE CULINAIRE
1996
DE L'ACADÉMIE NATIONALE
DE CUISINE

les Pains et viennoiseries de l'ECOLE LENÔTRE

EDITIONS JEROME VILLETTE

Des mêmes auteurs

Les Décors fins
de l'ECOLE LENÔTRE

Les Recettes glacées
de l'ECOLE LENÔTRE

À PARAÎTRE

Les Mises en scène de buffets
de l'ECOLE LENÔTRE

9-11, rue du Tapis Vert F-93260 Les Lilas

ISBN 2-86547-037-7

Préface Preface

Le pain, le bon pain, le vrai pain... Avant de vous présenter Jean-Louis Clément, le maître du vrai pain, je me permets un retour en arrière, ainsi vous comprendrez mieux pourquoi j'admire Jean-Louis.
Ayant fait mes premières armes en Normandie, mon pays natal, j'arrive à Paris, le cœur rempli d'espoir. J'eus la chance de travailler avec mon frère cadet d'un an, Marcel, qui m'avait rejoint, et de devenir ce qu'on appelait alors des « pâtissiers-viennois ». Cela signifiait que l'on connaissait la pâtisserie et que l'on savait aussi faire le pain.
Je vous raconte tout cela, c'est simplement pour vous dire combien je me sens le père spirituel d'un homme comme Jean-Louis, aussi discret que grand professionnel. Il est né en 1950, en Touraine, au sein d'une grande et belle famille de dix enfants où il a puisé des qualités de courage, d'honnêteté et de bon sens. Apprentissage de boulanger-pâtissier à 14 ans, meilleur de son département à 16 ans, dès 17 ans, il affine sa formation à Paris. Son métier est sa passion, son pain de demain doit encore être meilleur, plus beau que celui d'aujourd'hui. En 1982, il rencontre mon frère Marcel qui pressentira tout de suite les qualité de Jean-Louis. Après notre rencontre, il révolutionnera l'équipe Lenôtre, d'abord timidement mais avec passion. Chef de file de la section boulangerie, il prendra place dans le groupe de professeurs de notre école internationale. Sans la boulangerie et la viennoiserie, notre assistance technique dans le monde n'aurait pas eu la même dimension. Quel chemin parcouru depuis qu'il mit en place la section boulangerie au Kadewe, à Berlin, depuis que le pain arrive en tête du chiffre d'affaire des boutiques en franchise au Japon. En quatorze ans à l'ECOLE LENÔTRE, Jean-Louis Clément a transmis son savoir à plus de 4 000 élèves.
Récemment, l'approvisionnement en boulangerie et pâtisserie du Fururoscope de Poitiers a trouvé solution grâce à un laboratoire tout neuf ; des hommes et des femmes auparavant sans travail, désormais formés à notre école... Nous étions tous très fiers lorsque le président, René Monory, a inauguré ce laboratoire de Loudun. Merci Jean-Louis.
Je terminerai en évoquant l'une de ses qualités, et non des moindres : sa gentillesse. Grâce à lui, tous les apprentis, ouvriers, patrons qu'il a formés sauront un jour à leur tour transmettre notre savoir-faire, pour que la boulangerie, la vraie, demeure et s'épanouisse.
Pour Jean-Louis, mon amitié pour la vie.

Bread, good bread the real thing... Before introducing you to Jean-Louis Clément, the master of real bread, let me first take you back in time, and you will understand why I admire Jean-Louis so much.
Having made by debuts in the profession in Normandy, my native region, I was lucky enough to work with my brother Marcel, a year younger, who had joined me in the capital, and we became what was known as "pâtissiers-viennois". This meant that we were familiar with cake-making and knew how to make bread too.
I am telling you all this just to say how much I have the impression of being the "spiritual father" of someone like Jean-Louis, a man as discreet as he is professional. He was born in 1950, in the Touraine region, into a fine family of ten children from which he acquired virtues of courage, honesty and common sense. He began his apprenticeship as a baker at 14 years old, was the best in his area by 16 years, and by the age of 17 he was in Paris to perfect his training. His trade is his passion, and tomorrow's bread must always be better, finer than today's. In 1982, he met my brother Marcel who immediately sensed Jean-Louis' inherent qualities. After our initial encounter, he went on to revolutionize the Lenôtre team, timidly at first, but with great passion. He joined the teaching staff at our international school as head of the bakery department. Without bread-making and Viennese breads, our technical assistance throughout the world would never have achieved the same dimension. Such a lot of ground has been covered since he set up the bakery department at the Kadewe, in Berlin, and since bread has been the biggest selling item in our franchise shops in Japan. In the space of fourteen years at the ECOLE LENÔTRE, Jean-Louis Clément has passed his knowledge down to over 4,000 students.
Recently, problems with bakery and cake supplies at the Futuroscope complex near Poitiers were solved thanks to the introduction of a new type of laboratory, run by men and women who were previously unemployed and are now trained at our school. We were extremely proud when the president, René Monory, inaugurated the laboratory in Loudun. Thank you, Jean-Louis.
I will end by evoking one of his qualities, and by no means a minor one: his kindness. Thanks to him, all the apprentices, workers, shop managers he has trained will one day, in their turn, pass our knowledge on to others, ensuring that bread-making, real bread-making, will survive and flourish.
Jean-Louis can be sure of my life-long friendship.

Gaston Lenôtre

Chevalier de la Légion d'honneur
Meilleur Ouvrier de France *honoris causa*

Chevalier of the Legion of honour
Meilleur Ouvrier de France *honoris causa*

Préface Preface

Parmi les ouvrages traitant de la boulangerie-viennoiserie, aucun n'égale celui que vous tenez entre vos mains car il s'agit d'un véritable outil de formation et de perfectionnement permettant de mieux connaître notre beau métier.
Même s'il est vrai que le progrès et la modernisation ont permis l'amélioration des conditions de vie des artisans boulangers, il n'en demeure pas moins que nulle machine, aussi sophistiquée soit-elle, ne percera jamais les secrets des lentes et mystérieuses fermentations. En revanche, acquérie suffisamment de connaissances techniques et savoir les utiliser à bon escient me semble aujourd'hui indispensable à la fois pour pérenniser notre métier mais aussi pour sauvegarder ses lettres de noblesse.
C'est ce qu'à fait Jean-Louis Clément tout au long de sa carrière. Sa curiosité et sa passion, alliées à un tour de main rigoureux et à une exigence de chaque instant, l'ont amené à vous transmettre dans cet ouvrage les fruits de son expérience et je le remercie pour tant de générosité. Avec mon ami Marcel Derrien et les dynamiques professeurs de l'ECOLE LENÔTRE, Jean-Louis ne compte ni son temps ni ses efforts, et je les félicite pour tout ce qu'ils apportent à notre profession.

Of the many works on bread-making and Viennese breads, none can match the one you are holding in your hands right now. It is a genuine aid in learning and developing baking skills and a means to become more familiar with our trade.
While progress and modernization might have led to an improvement in the conditions in which artisan bakers work, it is nevertheless true that no machine, however sophisticated, will ever pierce the secrets of the slow, mysterious process of fermentation. On the other hand, acquiring a sufficient amount of technical knowledge and being able to use it effectively is, it seems to me, indispensable today, both in ensuring the continuation of our trade, and in safeguarding its quality.
That is what Jean-Louis Clément has succeeded in doing throughout his career. His curiosity and passion, combined with precise dexterity and a constant demand for the very best, have led him to pass on the fruits of his experience to you by means of this book and I would like to thank him for his generosity. Like my friend, Marcel Derrien, and the dynamic team of teachers at the ECOLE LENÔTRE, Jean-Louis counts neither his time nor his efforts, and my congratulations go out to them for everything they have given to our profession.

Marcel Larcher

Meilleur Ouvrier de France 1986
Compagnon du Devoir du Tour de France

Meilleur Ouvrier de France 1986 (French Champion)
"Compagnon du Devoir", Tour de France

Avant-propos Foreword

Chers amis,

Quelle joie pour moi de vous faire découvrir, à travers ce livre, ma passion : la *boulangerie*, mot magique, compagnon de mes premiers désirs.
Je tiens, tout d'abord, à rendre hommage à mon frère Claude, boulanger lui aussi, grâce à qui j'ai commencé mes premiers pas dans ce métier ; à mes parents qui m'ont toujours aidé, encouragé et soutenu et, bien sûr, aussi à mes formateurs. Je remercie enfin, tout particulièrement et du fond du cœur, mon épouse, Carmen, pour ses trésors de patience et de compréhension.
L'expérience m'a enseigné que la matière est vivante et qu'il faut l'aimer pour la comprendre. Sans amour, il n'y a pas de créativité. Le boulanger, le vrai, le sincère, enrichit ses connaissances par les années de travail et par l'amour qu'il porte à son métier jour après jour, dans un souci de perfection. Il a conscience qu'il restera *apprenti* toute sa vie, chaque jour lui apportant de l'imprévu.
Depuis une quinzaine d'années, j'enseigne la boulangerie et la viennoiserie à l'ECOLE LENÔTRE. Je suis heureux et fier d'avoir contribué à la réalisation d'un des ouvrages de la formidable équipe de Marcel Derrien, sans qui ce livre n'aurait sans doute pas vu le jour. Le pain, symbole de paix et de partage, n'a pas d'égal quand, dans la recette, on ajoute un peu de soi, un peu de son cœur. Essayez et, comme moi, vous comprendrez le message du Pain, celui des vraies valeurs et du bonheur des choses simples.

Dear friends,

It is a great joy for me to introduce you — by means of this book — to my passion: bread-making, a magic word, and my constant companion.
First of all, I would like to pay tribute to my brother Claude, another baker, thanks to whom I took my first steps in the trade; to my parents, who have always helped, encouraged and supported me and, of course, to those who trained me. Last of all, I would like to offer my special thanks to my wife, Carmen, for her immense patience and understanding.
Experience has taught me that matter is a living thing, and that you must love it in order to understand it. Without love, there is no creativity.
A baker, a genuine baker, enriches his knowledge through years of work and through the love he puts into it, day after day, with a constant concern for perfection. He is aware that he will remain an apprentice all his life, with each day bringing something unexpected.
For the past fifteen years, I have been teaching bread-making and Viennese breads at the ECOLE LENÔTRE. I am pleased and proud to have contributed to the creation of one of the works of the remarkable team led by Marcel Derrien, without whom this book would doubtless never have come into being. Bread, a symbol of peace and sharing, has no equal when you put a little of yourself, a little of your own heart, into the recipe. Try it for yourself and, like me, you will understand the message Bread brings, the message of real values and the pleasure of the simple things in life.

Jean-Louis Clément

Meilleur Ouvrier de France 1994
Vase de Sèvres du président de la République 1988

Meilleur Ouvrier de France 1994 (French Champion)
Awarded the President of the Republic's Vase de Sèvres in 1988

Sommaire Summary

Jean-Louis Clément
Meilleur Ouvrier de France 1994
(French Champion)

Technologies et matières premières
Technologies and raw materials

Bref historique du pain

Le rôle des graines de céréales a pris une part importante dans l'alimentation des premiers hommes. La Chine connaissait déjà le blé en 2822 avant notre ère. L'Égypte semble avoir été le berceau de la boulangerie. Le blé était broyé entre deux pierres plates, concassé dans des mortiers ou moulu à bras. Les fragments de pain retrouvés dans les tombeaux portent les marques évidentes de fermentation. C'est également pendant leur captivité en Égypte que les Israélites apprirent la fabrication du pain sur levain.

On attribue l'invention des fours à l'Égyptien Aunus qui imagina de creuser des bancs d'argile où il fit des fours d'une pièce. On les construisit ensuite en briques et en pierres disposées en voûtes — le mot four vient du mot *fournix* qui veut dire voûte. Ces fours étaient toujours chauffés au bois.

Les Romains commencèrent par manger le blé en bouillie. On ne sait pas à quelle époque le pain remplaça cet élément liquide, mais il est certain qu'ils avaient l'usage du pain avant la prise de Rome par les Gaulois en l'an 365 de sa fondation. Sous Tarquin le superbe, les Romains bâtirent des fours fixes et solides qui étaient publics.

Jusqu'au 17e siècle, les pains eurent une forme ronde et c'est de cette forme que viendrait le verbe *boulanger*.

Jusqu'au milieu du siècle dernier, les fours étaient exclusivement chauffés au bois. Vers 1900, le boulanger Isambert mit au point un nouveau mode de chauffage, le chauffage indirect avec l'emploi du charbon. Les essais de cuisson « au gaz d'éclairage » commencèrent en 1903 et, au début de la Première Guerre mondiale, cette technique se développa. Ensuite apparurent les fours à tubes vapeur puis, en 1936, les premiers fours « cyclothermes ». Plus près de nous, en 1958, le four à tubes annulaires fut proposé aux boulangers. Enfin, vers 1971, les Scandinaves mirent sur le marché les fours à « chariots rotatifs ».

A brief history of bread

Cereal grains played an important role in the eating habits of early man. The Chinese were using wheat as early as 2822 BC, while Egypt is thought to have been the birthplace of bread-making as we know it. At that time, the wheat was ground between two flat stones, crushed in a mortar or milled by hand. Fragments of bread found in tombs show clear signs of fermentation. And it was during their captivity in Egypt that the Israelites learned to make leavened bread.

The invention of ovens is attributed to an Egyptian called Aunus who first had the idea of hollowing out clay banks, inside of which he created an all-in-one oven. Later on, ovens were built from bricks and stones arranged in an arch shape; the French word "four" (oven) is in fact derived from fournix, meaning arch. These ovens were always wood-fired.

The Romans originally ate wheat in the form of gruel. We do not know exactly when bread replaced liquid, but it is certain that bread was being eaten before Rome was seized by the Gauls in the 365th year after its foundation. Under Tarquin the Magnificent, the Romans built fixed, solid ovens for public use.

Until the 17th century, loaves were round in shape (*boules*), and this is apparently the origin of the word *boulanger* (to bake).

Until the middle of the last century, all ovens were wood-fired. Around 1900, a baker called Isambert developed a new type of heating based on a coal-powered, indirect system. Attempts to bake using energy supplied by town gas began in 1903 and, by the start of the First World War, this technique had begun to develop. Next to appear were steamtube ovens followed, in 1936, by the first hot-air ovens. More recently, in 1958, reel ovens were made available for use in the baking industry. Finally, around 1971, the Scandinavians launched "rotary rack ovens" on the market.

Les fours modernes ont permis d'alléger la tâche du boulanger grâce à l'emploi de combustibles tels que le fuel et puis, surtout, le gaz naturel.

Modern ovens have made the baker's task much easier, thanks to the use of fuels such as heating oil and, in particular, natural gas.

La panification

De nos jours, la panification est généralement réalisée avec une pâte à pain de composition moyenne (en volume) :

Bread-making

Nowadays, bread-making is generally carried out along the following lines:
- Average composition of a bread dough (in volume):

farine	62 %	flour
eau	36 %	water
sel	1,3 %	salt
levure	0,7 %	yeast

La farine

Selon le recueil des usages, « la dénomination de farine de froment, ou farine de blé ou farine sans autre qualificatif, désigne exclusivement le produit pulvérulent obtenu à partir d'un lot de blé sain, loyal et marchand, préparé pour la mouture et industriellement pur ».

Composition chimique de la farine et des produits de la mouture

On retrouve, bien entendu, dans la farine et les produits de mouture les mêmes constituants (eau, matières minérale, protides, lipides, glucides et vitamines) que dans le grain, seules les proportions varient. Les farines de grains sont faites à partir de blé de force, c'est-à-dire, à haute teneur en protéines pour des pains de gruau ou des pâtes levées riches.

La qualité de la farine

La qualité d'une farine est définie dans ses généralités par des normes mais l'utilisation doit aussi prendre en compte la notion de qualité spécifique qui fait l'objet de caractéristiques particulières adaptées aux exigences de la fabrication d'un produit donné.

Flour

According to the Compendium of Uses: "the name wheat flour, or flour with no other qualifying term, is used solely to designate the pulverulent product obtained from a batch of sound wheat of fair to average quality, prepared for milling and industrially pure".

Chemical composition of flour and milling products

It can be seen that flour and milling products do, of course, contain the same constituents (water, mineral, proteins, fats, sugars and vitamins) as the original grain, only in varying proportions. White wheat flours are made from strong wheat with a high protein content and are used in making gruau breads or rich yeast doughs.

Flour quality

The quality of a flour is determined on an overall level according to established norms, but its use must also take into account the notion of specific quality, which relates to particular characteristics adapted to the manufacturing demands of a given product.

Les agents levants

Les poudres levantes

Se sont des agents qui, en créant un dégagement gazeux pendant le processus de fabrication, donnent aux produits cuits un alvéolage et une texture particulières.
Le dégagement gazeux provient de deux phénomènes différents :
- biologique : dû la levure de boulangerie
- chimique : dû aux poudres levantes (voir additifs)

Ces dernières n'étant pas utilisées en Boulangerie-Viennoiserie, ce chapitre est limité à la levure.

La levure

C'est un ensemble d'êtres vivants, unicellulaires, visibles

Leavening agents

Leavening powders

These agents are responsible for generating gases during the bread-making process, thus giving the bakery products a special, porous quality.
Gas production is caused by two different phenomena:
- biological: due to baker's yeast
- chemical: due to leavening powders (see additives)

Since chemical agents are not used in Bread-making/Vienna breads, this chapter will only deal with yeast.

Yeast

This is an amalgum of living, single cells, which are only visible

uniquement au microscope et appartenant à la famille des champignons. Leur taille est environ égale à 5 ou 6/1 000 mm et il faut 10 milliards de cellules pour faire 1 g de levure fraîche. La levure de boulangerie est une espèce parmi des milliers d'autres. Son nom est Saccharomyces cerevisiæ.

under a microscope and belong to the fungus family. They are around 5 or 6/1,000 mm in size and 10 billion cells are needed to make a single gram of fresh yeast. Baker's yeast is just one of many kinds of yeast. It is known as *Saccharomyces cerevisiae.*

Constitution d'une cellule de levure et composition chimique
La cellule comporte une double membrane entourant un cytoplasme (analogue au plasma sanguin).
On y distingue entre autre :
- un noyau, siège de la vie et de l'hérédité,
- des mitochondries, qui régissent l'activité cellulaire,
- des substances de réserve situées principalement dans les vacuoles.

La composition chimique d'une cellule de levure est approximativement la suivante :

Constitution of a yeast cell and its chemical composition
Each cell has a double membrane enveloping a cytoplasm (similar to blood plasma). It comprises, among others:
- a nucleus, the origin of life and heredity,
- mitochondria, which govern cell activity,
- reserve substances, most of which are located in the vacuoles.

The chemical composition of a yeast cell is approximately as follows:

eau	68 %	water
matières azotées	15 %	nitrogeneous matter
glucides	13 %	glucid
matières grasses	2 %	fats
matières minérales	2 %	mineral

Propriétés de la levure
Elle peut, comme certains autres micro-organismes, vivre en présence ou en absence d'air donc d'oxygène. En présence d'air (vie aérobie), la levure respire et se multiplie. En absence d'air (vie anaérobie), elle provoque une fermentation.

Yeast properties
Like certain other micro-organisms, yeast can survive with or without air, and therefore oxygen. In the presence of air (aerobic life), it breathes and multiplies. In the absence of air (anaerobic life), it gives rise to fermentation.

L'eau

Généralités

L'eau couvre environ les 3/4 du globe terrestre. D'un point de vue chimique elle est composée de 2 atomes d'hydrogène associés à un atome d'oxygène, sa formule est H_2O. Dans la nature elle se présente sous trois formes : eau glace, eau liquide, eau vapeur. L'eau est indispensable à la vie : sans elle, aucune des fonctions vitales des organismes vivants ne peut avoir lieu. Ainsi, par exemple, le corps humain en contient plus de 60 %. Elle intervient à plusieurs niveaux : elle permet les échanges entre les cellules et participe à la structure et au maintien de la matière vivante.

L'eau dans la nature

Eau glace : il s'agit toujours d'eau douce (non salée. C'est une très important réserve d'eau potable : neige, glaciers, banquises, calotte glaciaire.
Eau liquide : c'est l'eau qui ruisselle, qui s'infiltre, qui stagne : océans, fleuves, étangs, lacs, nappes souterraines. Cette eau est plus ou moins pure, plus ou moins chargée en minéraux, plus ou moins polluée.
Eau vapeur : elle est formée à partir des océans sous l'action du soleil. Ce sont les nuages et la vapeur d'eau contenue dans l'air. C'est une forme transitoire, l'eau vapeur retournant très vite à l'état liquide (pluie). C'est le cycle de l'eau.

Water

Generalities

Water covers around three quarters of the globe. In chemical terms, it is made up of two hydrogen atoms combined with one oxygen atom, and its formula is H_2O. In the natural environment, it exists in three forms: water ice, liquid water and water vapour. Water is indispensable to life; without it, none of the vital functions of living organisms could take place. The human body, for example, is made up of over 60 % water. It acts on several levels: enabling exchanges between cells and helping to structure and maintain living matter.

Water in the natural environment

Water ice: this is always fresh water (no salt). It represents a very important reserve of drinking water: snow, glaciers, ice-floes and ice-caps.
Liquid water: this is the water which flows, infiltrates and stagnates: oceans, rivers, ponds, lakes and underground water. This form of water can have varying degrees of purity, with differences also in mineral content and the level of pollution.
Water vapour: this develops from the ocean as a result of the sun's action and is transformed into clouds and water vapour contained in the atmosphere. It is only a transitory form, since water vapour quickly returns to its liquid state (rain). This process is known as the water cycle.

L'eau potable

L'eau employée dans l'alimentation doit être potable. Pour être potable l'eau doit être : limpide, inodore, incolore et fraîche, et elle doit :

- contenir de 0,05 g à 0,5 g de matières minérales,
- renfermer 20 à 40 cm^3 de gaz dissous par litre,
- ne contenir aucune matière organique vivante ou résiduelle, aucune substance toxique.

Elle est dite pure si elle contient moins de 1 000 micro-organismes par cm^3.

Origine de l'eau potable

L'eau est principalement prélevée sur les cours d'eau existant dans la région.L'eau de source, cas idéal, représente la meilleure eau potable mais doit néanmoins être contrôlée en laboratoire.
L'ensemble des cours d'eau du territoire est surveillé par des agences de bassin qui étudient en même temps les meilleures solutions quant au prélèvement de l'eau pour l'alimentation des différents réseaux. Ensuite des sociétés ou compagnies des eaux assurent le prélèvement, le traitement et la distribution de l'eau potable à l'ensemble des usagers.

Traitements des eaux

Ce sont les stations d'épuration qui assurent le traitement qui transforme l'eau des fleuves en eau potable par :

- filtration : cette opération élimine la majorité des déchets physiques,
- traitement chimique : il permet la neutralisation de tous les micro-organismes dangereux et l'apport de gaz neutre (oxygène) à l'eau.
- stérilisation : ce traitement thermique ne laisse subsister aucune matière vivante.

Influence de l'eau sur la panification

L'eau potable peut présenter un taux important de sels de calcium (craie). C'est une eau dite *dure*. Son inconvénient bien connu est l'entartrage des canalisations et filtres de robinet. Lors de la cuisson du pain, elle peut perturber l'introduction de la buée dans le four et ainsi pénaliser la qualité du pain. Si ce problème est réel un adoucisseur d'eau peut s'imposer.
En panification, l'eau est le deuxième constituant après la farine. C'est elle qui provoque le gonflement des grains d'amidon et l'assouplissement du gluten pour sa transformation en réseau glutineux. Elle est donc totalement impliquée dans les qualités plastiques de la pâte. Elle intervient également pour créer le milieu humide nécessaire au développement de la fermentation panaire.

Drinking water

Water used in cooking must be certified fit for drinking. This means that it should be clear, odour-free, colourless and fresh, and must:

- contain between 0.05 g and 0.5 g of minerals,
- contain between 20 and 40 cm^3 of dissolved gas per litre,
- not contain any living or residual organic matter, nor any toxic substance.

It is said to be pure if it contains less than 1,000 micro-organisms per cm^3.

The origin of drinking water

Water is usually drawn from waterways existing in the region. Spring water - the ideal case - is the best form of drinking water but must nevertheless be laboratory-controlled.
The waterways within each catchment area are controlled by reservoir authorities which also work out the best solutions for drawing water to supply the various networks. Water companies are then responsible for drawing, treating and distributing drinking water to users throughout the area.

Water treatment

Purification stations carry out the treatment which transforms river water into drinking water by means of:

- filtration: this operation removes most physical debris,
- chemical treatment: this neutralizes all dangerous micro-organisms and introduces neutral gas (oxygen) into the water,
- sterilization: heat treatment which ensures that no living matter survives.

The effect of water on bread-making

Drinking water can contain a high level of calcium salts (chalk), in which case it is known as *hard water*. The most obvious disadvantage in this case lies in the scaling of taps and filters. In bread-baking, hard water can affect the introduction of steam into the oven and this can be detrimental to the final quality of the bread. If this is a real problem, a water softener might be required.
Water is the second most important ingredient in bread-making after flour. It provokes the puffing of the starch grains and softens the gluten so that it can be transformed into a glutinous network. It is therefore a key factor in the plasticity of the dough, and also helps in creating the humid environment necessary for the development of bread fermentation.

Le sel

Généralités

Le sel utilisé en cuisine, et plus généralement dans l'alimentation, est le chlorure sodium pratiquement à l'état pur. Sa formule chimique est NaCl.
Le sel est un corps très répandu dans la nature. On le trouve sous deux formes, qu'il provienne de l'eau de mer (sel marin) ou de gisement dans le sol (sel gemme).

Salt

Generalities

The salt used in baking, and in the food industry in general, is sodium chloride in an almost pure state. Its chemical formula is NaCl.
Salt is very widespread in the natural environment. It can be found in two forms, whether derived from sea salt or ground deposits (rock salt).

Le sel marin

L'eau de mer contient environ 25 g de sel par litre. Il est extrait à partir de marais salants. L'eau de mer est amenée dans des réservoirs de décantation. L'eau s'évapore sous l'action du soleil en laissant le sel. Cette technique d'extraction est lente, elle dure 6 mois, en général d'avril à septembre.

Le sel gemme

Les gisements sont nombreux et importants en France. Son extraction se fait à partir des couches de sel situées à 80 m de profondeur environ dans le sol. Ce sel est pur à plus de 90 %.

La fabrication industrielle du sel

Le sel que nous utilisons est le plus fréquemment fabriqué par un procédé industriel qui peut donner soit des sels fins, soit des sels grenés. Les techniques consistent à porter une saumure (eau et sel) à ébullition. La cristallisation de sel se fait plus ou moins grossièrement. Selon les températures utilisées, la granulation est différente.

Les propriétés du sel

- le sel est soluble dans l'eau, son degré de saturation augmente avec la température.
À 15°C un litre d'eau est saturé à 360 g par litre, et saturé à 403 g par litre, à 108°C.
- son point de fusion est de 800°C,
- le sel est hygroscopique,
- il a une saveur caractéristique.

Rôle et action du sel en panification

Sur les pâtes :

- il leur donne une plus grande fermeté et une meilleure élasticité
- il contribue à une plus forte hydratation
- il freine l'action des levures.

Sur le pain :

- il améliore le goût
- il agit sur la conservation en retardant le séchage ou le ramollissement selon les conditions extérieures
- il contribue à la coloration de la croûte et à son croustillant
- enfin, selon le moment d'incorporation au cours du pétrissage, il peut aussi avoir une action sur la couleur de la mie. Le sel ajouté en fin de pétrissage permet un blanchiment plus poussé de la pâte donc de la mie.

Les sucres

La plupart des plantes produisent des sucres, mais il s'agit le plus souvent de glucose, de fructose ou d'amidon et quelquefois seulement de saccharose. Les principales plantes qui produisent le « sucre » (saccharose) sont la betterave et la canne à sucre.
À l'exception du lactose (provenant du lait), les autres sucres sont issus du règne végétal.

Caractéristiques physico-chimiques

La saccharose et les autres matières sucrantes font partie du groupe des glucides. Il est couramment admis que le terme

Sea salt

Seawater contains around 25 g of salt per litre. The salt is extracted from salterns: to start with, the seawater is introduced into settling tanks, then the water gradually evaporates in the sun, leaving the salt behind. This extraction technique is a slow one, lasting over a six-month period which usually runs from April to September.

Rock salt

There are many large rock salt deposits in France. The salt is extracted from salt layers located 80 metres below ground. This type of salt is 90 % pure.

Industrial salt manufacture

The salt we use is generally made by means of an industrial process which can produce either fine or coarse salt. The technique consists in bringing brine (a solution of water and salt) to the boil. The salt can be left to crystallize to varying degrees. Its coarseness differs according to the temperatures used.

Properties of salt

- salt is water soluble, and its saturation level increases as the temperature is raised.
At 15°C, a litre of water becomes saturated at 360 g per litre, while at 108°C the level reaches 403 g per litre,
- its fusion point is 800°C,
- salt is hygroscopic,
- and it has a characteristic flavour.

The role and action of salt in bread-making

On doughs:

- it gives them extra firmness and better elasticity,
- it helps in keeping the dough moist,
- it slows down the action of the yeast.

On the bread:

- it improves taste,
- it influences storage life by delaying the drying-out or softening process according to external conditions
- it contributes to the colour of the crust and its crustiness
- last of all, and according to the time at which it is incorporated during kneading, it can also influence crumb colour. Salt added at the end of kneading leads to an increased whitening of the dough and therefore of the crumb.

Sugars

Most plants produce sugars. However, these are usually in the form of glucose, fructose or starch, and only occasionally saccharose. The main sugar (i.e. saccharose) producing plants are sugar beet and sugar cane. With the exception of lactose (which comes from milk), the other sugars are all of plant origin.

Physico-chemical characteristics

Saccharose and other sweetening substances are part of the glucids group. It is generally accepted that the term "sugar", where no other specification is given, always refers to saccharose. The latter

« sucre » sans autre précision désigne toujours le saccharose. Ce dernier se compose de cristaux durs et brillants et sa pureté se situe entre 99,7 et 99,9. La solubilité du sucre dans l'eau est importante et croît avec la chaleur. à froid, il se dissout dans 50 % de son poids en eau à température ambiante. À chaud, la quantité de sucre dissous augmente progressivement avec l'élévation de la température.

Chimiquement, le saccharose est constitué d'une molécule de glucose et d'une molécule de fructose.
Son pouvoir sucrant sert de référence pour tous les autres sucres. D'autres matières sucrantes sont parfois utilisées et leur pouvoir sucrant s'établit comme indiqué dans la table ci-contre :

is composed of hard, shiny crystals with a purity level between 99.7 and 99.9. Sugar is very soluble in water, and its solubility increases with heat. When cold, it dissolves to a level of 50 % of its weight in water at room temperature. When hot, the quantity of sugar dissolved increases progressively with the rise in temperature.

In chemical terms, saccharose is made up of one molecule of glucose and one molecule of fructose.
Its sweetening power is used as a reference for all other sugars. Alternative sweetening substances are often used and their sweetening power is as shown in the opposite table:

Saccharose	1 (référence)	Saccharose
Glucose dextrose	0.75	Glucose dextrose
Glucose crista	0.4	Glucose crista
Sucre inverti	1.2	Invert sugar
Miel	1.2	Honey
Maltose	0.3 à 0.4	Maltose
Lactose	0.15 à 0.20	Lactose

Propriétés technologiques

La présence de sucres dans les produits de boulangerie et de pâtisserie a pour effet :

au niveau des pâtes levées :
- de leur conférer une bonne tolérance mécanique et physique,
- de modifier leurs caractéristiques rhéologiques,
- d'accroître la rétention d'eau et augmenter le moelleux de la mie,
- d'améliorer le rendement car il permet dans une certaine mesure d'ajuster la température de cuisson, donc l'humidité résiduelle du produit fini.

au niveau des pâtes pâtissières et des crèmes :
- favoriser le foisonnement,
- renforcer la stabilité des mousses (œufs, blancs),
- texturer le produit fini,
- valoriser les arômes,
- augmenter la conservation des produits finis,
- renforcer le goût des crèmes et des produits finis,
- abaisser le point de congélation des glaces, crèmes glacées et sorbets.

En résumé on peut dire que les sucres interviennent à plusieurs niveaux :
agents de conservation : ils empêchent le développement des micro-organismes, ils stabilisent l'humidité du produit fini.
agents foisonnants : combinés à la matière grasse, ils assurent une bonne dispersion de la phase gazeuse au cours du battage et la stabilité des mousses d'œuf ou de blancs d'œuf.
agents de texture : en fonction du pourcentage par rapport au poids de la farine, ils contribuent à la dureté, au cassant, à la tendreté de certains produits finis. Ils donnent de la texture aux glaces, crèmes glacées et sorbets.
agents de coloration : ils ont une action sur la coloration de la croûte.

Utilisation des sucres

En boulangerie-pâtisserie, on les utilise :
- pour obtenir une saveur sucrée,
- une coloration de la croûte,
- comme effet décoratif de certains produits finis.

On les utilise pour cela sous plusieurs formes : sucre en poudre, sucre cristal, sucre en grain ou casson, sucre glace, fondant,...

Technological properties

The presence of sugars in baking and cake products has the following effects:

On yeast doughs:
- it gives them a high level of mechanical and physical resistance,
- it alters their rheological characteristics,
- it increases water retention and enhances the softness of the crumb,
- it improves productivity since, to a certain extent, it enables the baking temperature - and correspondingly the residual moisture in the finished product - to be adjusted.

On cake mixtures and creams:
- it encourages the incorporation of air,
- it reinforces the stability of foams (eggs, egg whites),
- it texturizes the finished product,
- it enhances flavourings,
- it increases the storage life of finished products,
- it reinforces the taste of creams and finished products,
- it lowers the freezing point of ices, ice-creams and sorbets.

In short, sugars can be said to act on several levels:
conservation agents: they prevent the development of micro-organisms and stabilize the moisture level of the finished product.
whipping agents: when combined with fats, they ensure the correct dispersion of gases during beating and also the stability of foams made with eggs or egg whites.
texturizing agents: according to the percentage used in proportion to the amount of flour, they contribute to the hardness, brittleness and tenderness of certain finished products. They give texture to ices, ice-creams and sorbets.
colouring agents: they have an effect on the colour of the crust.

Using sugars

In bread-making and cake-making, sugars are used:
- to obtain a sweet flavour,
- to give colour to the crust,
- to create a decorative effect on certain finished products.

They are used for these purposes in several forms: caster sugar, granulated sugar, coarse sugar, icing sugar, fondant...

Le sucre cristallisé
Le sucre cristallisé est issu directement de la cristallisation du sirop concentré et turbiné en sucrerie.

Le sucre semoule ou en poudre
Se prépare à partir de sucre cristallisé, broyé puis tamisé. C'est le plus utilisé des sucres pour la préparation des pâtes parce qu'il se dissout rapidement.

Le sucre glace
Le sucre glace est du sucre cristallisé broyé finement en une poudre impalpable. Sa présentation sous forme de poudre le rend fragile à l'humidité. Pour éviter la formation d'agglomérats il est additionné de 3 % d'amidon.
Le sucre glace sert à glacer et à décorer les produits finis pour les rendre plus attrayants.

Le sucre en grain
Les grains de granulation variée sont faits à partir de sucre très pur pressé en plaques, broyées puis tamisées.

Le lait

Le lait sans autre qualificatif est le lait de vache. Après la traite, assurée automatiquement par des machines à traire, le lait est stocké dans des cuves réfrigérées entre 2 et 4°C.
Le lait se contamine très vite et nécessite donc un traitement différent selon la durée et le mode de conservation utilisé.

Les différents types de lait
- **Le lait cru** : conservation au réfrigérateur un jour maximum ; il doit être bouilli avant d'être utilisé.
- **Le lait pasteurisé** : lait chauffé à 75-80 °C puis refroidi très brusquement ; sa conservation est limitée à quelques jours au réfrigérateur.
- **Le lait stérilisé** : chauffé pendant 10 à 20 minutes à 103-112°C. C'est un produit stable qui se conserve à température ambiante plusieurs semaines avant ouverture.
- **Le lait U.H.T.** : stérilisé à ultra haute température soit 135-150°C pendant quelques secondes puis emballé sous vide à l'abri de la lumière ; le lait se conserve à température ambiante plusieurs semaines avant ouverture.

Dans tous les cas, le lait peut être partiellement ou totalement écrémé. La couleur de la capsule des bouteilles ou autre emballage permet de reconnaître :
- lait entier : 36 g de matières grasses minimum par litre (couleur rouge),
- lait demi-écrémé : entre 15,5 et 18,5 g de matières grasses par litre (couleur bleue),
- lait écrémé : moins de 3 g de matières grasses par litre (couleur verte).

La meilleure conservation du lait est obtenue par élimination de son eau :
- **le lait concentré** : lait pasteurisé ayant subi une évaporation

Granulated sugar
Granulated sugar is the direct result of the crystallization of syrup which has been concentrated and spun in a sugar refinery.

Caster sugar
This is prepared from granulated sugar which has been ground and sifted. It is the most commonly used sugar in the preparation of doughs since it dissolves rapidly.

Icing sugar
Icing sugar is crystallized sugar which has been finely ground into an impalpable powder. Its presentation in the form of powder makes it fragile in relation to moisture. To prevent the formation of lumps, it contains 3% added starch.
Icing sugar is used for icing and decorating finished products to make them more attractive.

Coarse sugar
Sugar grains with varying degrees of granulation can be made from very pure sugar which has been pressed into sheets, ground and then sifted.

Milk

When no other qualifying term is given, «milk» refers to cow's milk. After the milking process, which is carried out automatically by machines, milk is stored in refrigerated tanks at between 2 and 4°C.
Milk can become contaminated very rapidly and therefore requires different types of treatment according to how long and by what means it is to be preserved.

The different types of milk
- **Raw milk**: kept in the refrigerator for one day maximum; it must be boiled before being used.
- **Pasteurized milk**: milk heated to 75-80°C then rapidly cooled; it can be kept for just a few days in the refrigerator.
- **Sterilized milk**: heated for 10 to 20 minutes at 103-112°C. This is a stable product which can be kept at room temperature for several weeks before opening.
- **UHT milk**: sterilized at Ultra High Temperature, i.e. 135-150°C, for several seconds, then vacuum-packed in opaque containers; this form of milk can be kept at room temperature for several weeks before opening.

In all the above cases, the milk can be partially or totally skimmed. The various colours of bottle tops or other types of packaging make it possible to identify:
- whole milk: minimum of 36 g fat per litre (red colour),
- semi-skimmed milk: between 15.5 and 18.5 g per litre (blue colour),
- skimmed milk: less than 3 g fat per litre (green colour).

Milk can be best preserved when its water content has been removed:
- **Condensed milk**: pasteurized milk which has been subjected to varying degrees of water evaporation, with or without the

plus ou moins partielle de l'eau avec ou sans addition préalable de sucre (lait concentré sucré), puis stérilisé en boîte,
- **le lait en poudre** : lait séché avec élimination quasi totale de l'eau.

Propriétés technologiques du lait

Comme l'eau, il intervient dans l'hydratation.
Par sa composition c'est un agent important de moelleux.
Il joue également un rôle (léger) dans la coloration des produits à la cuisson.
Enfin, il influence sérieusement le goût du produit grâce aux sucres qu'il contient.

Conseils d'utilisation

La poudre de lait entier ou écrémé est de loin la forme de lait la plus utilisée en boulangerie.

Les œufs

Les œufs sont, avec les matières grasse, les ingrédients les plus couramment utilisés pour améliorer la qualité d'un produit de viennoiserie ou de pâtisserie.
En France, seul l'œuf de poule est autorisé pour la préparation des pâtes et des masses.

Constitution

L'œuf frais a un poids moyen de 50 g dont 32 g de blanc, 18 g de jaune.
L'œuf se compose du jaune, ou vitellus, et du blanc. L'ensemble est entouré d'une membrane protectrice, la membrane coquillière, dont le rôle est de les mettre à l'abri de toutes proliférations microbiennes favorisées par la porosité de la coquille calcaire.
Le jaune est également entouré d'une membrane, la « membrane vitelline ». Deux ligaments élastiques, les chalazes, le maintiennent au centre de l'œuf.

Composition de l'œuf

Le jaune se différencie du blanc par :
- une teneur en matière grasse élevée,
- la présence de lécithine,
- une proportion de protéines supérieure à celle du blanc,
- une faible quantité d'eau.

Le blanc riche en eau contient, comme l'indique le tableau ci-dessus, des traces de matière grasse. Bien que les protéines des blancs soient à un taux inférieur à celui du jaune, elles possèdent une aptitude technologique très importante, le « pouvoir moussant », qui est bien souvent utilisé comme agent de développement.
Dans la pratique, on admet que le blanc d'œuf représente environ les 2/3 du poids d'un œuf alors que le jaune n'en représente que le 1/3. Bien entendu la proportion du blanc augmentera parallèlement au poids de l'œuf.

	Entier	Jaune	Blanc	
Eau	73-75	48-50	80-88	Water
Protides	12-13	15-17	11-13	Protein
Lipides	10-12	30-35	traces	Fat
Glucides	0.7-1.5	0.5-2	0.5-1.5	Glucids
Mat. minérales	0.8-1	0.5-1.5	0.5-1	Minerals
	Whole	Yolk	White	

addition of sugar beforehand (sweetened condensed milk), and then sterilized in a can.
- **Powdered milk**: dried milk with almost all the water removed.

The technological properties of milk

Like water, milk contributes to adding moisture to a mixture.
Its composition makes it an important agent in ensuring a soft texture.
It also plays a (slight) role in colouring products during baking.
Last of all, it has a major influence on the taste of the product thanks to its sugar content.

Advice on using milk

Whole or skimmed milk powder is by far the form of milk most widely used in baking.

Eggs

Along with fats, eggs are the ingredient most commonly used for improving the quality of Viennese bread products and cakes.
In France, hen's eggs are the only type authorized for the preparation of doughs and masses.

Constitution

A fresh egg weighs 50 g on average, comprising 32 g of egg white and 18 g of egg yolk.
Each egg is made up of a yolk, or vitellus, and an egg white. These are surrounded by a protective membrane, the shell membrane, the purpose of which is to protect the contents from microbe proliferation which might occur due to the porosity of the calcium-based shell.
The yolk is also surrounded by a membrane known as the "vitelline membrane". Two elastic ligaments, the chalazae, keep it in place in the centre of the egg.

Egg composition

The yolk differs from the white in that:
- it has a high fat content,
- it contains lecithin,
- it has a higher proportion of proteins than the whites,
- it contains little water.

The white has a high water content and, as the table above shows, contains traces of fat. Although less protein is present in the whites than in the yolks, egg white does have one very important technological faculty: its "foaming power" which is very often used as a developing agent.
In practice, it is considered that the white represents around two thirds of the weight of an egg, while the yolk only accounts for one third. The proportion of white does of course increase with the weight of the egg.

Différentes présentations

C'est certainement sous la forme « œuf coquille » qu'il est le plus présent en boulangerie-pâtisserie. Il est également commercialisé : sans coquille sous le nom de « coule fraîche », surgelé ou en poudre soit : entier ou jaune et blanc séparés,

La coule fraîche
C'est une formule d'utilisation pratique et économique. C'est l'équivalent de l'œuf frais mais sans la protection des membranes coquillières et de la coquille.
Néanmoins les risques d'altération de la « coule fraîche » sont plus importants que ceux de l'œuf. Conservés dans des récipients en acier inoxydable et réfrigérés à 4°C les œufs sans coquilles se conservent au moins 24 heures sans perdre leurs aptitudes technologiques.

Les œufs « surgelés »
C'est sous cette forme que les œufs, jaunes et blancs, présentent un maximum de durée de conservation dans de bonnes conditions d'hygiène. Pour maintenir aux œufs toutes leurs qualités technologiques, il est nécessaire de les surgeler à - 30°C le plus rapidement possible. Le conditionnement des œufs, jaunes et blancs, se fait en berlingot de 1 kg et peut aller jusqu'au bidon de 20 kg.
La décongélation doit se faire progressivement dans une enceinte réfrigérée à 4-6°C. En aucun cas il faut avoir recours à la technique de bain-marie pour décongeler. Un traitement thermique intensif risque de dénaturer une partie des protéines donc de réduire les qualités technologiques de l'œuf.

Les œufs en poudre
C'est incontestablement sous cette forme qu'ils présentent le plus d'avantages : un faible volume de stockage. Cependant, à l'exception des blancs d'œuf, l'emploi des œufs entiers et des jaunes desséchés par atomisation ne convient pas pour la préparation des pâtes.

Aptitudes technologiques de l'œuf

Le pouvoir émulsifiant du jaune améliore :
- la stabilité des émulsions, matière grasse/liquide,
- le « velouté » des crèmes glacées et des glaces,
- l'homogénéité des crèmes.

Les protéines du jaune ont l'aptitude de lier des liquides sous l'action de la chaleur. Ils colorent les pâtes, masses et crèmes dans lesquelles ils sont dispersés.

Les blancs forment sous l'action d'un fouet une mousse plus ou moins stable qui sert à la fabrication de produits très spécifiques comme les meringues.

Different forms of egg

Eggs are without doubt most widely used in baking and cake-making in the form of fresh eggs in their shells. They are also marketed out of their shells, in which case they are referred to as "liquid egg", and also in frozen or powdered form (whole eggs, yolks or separated whites).

Liquid egg
This is a practical and economical way of using eggs. It is the equivalent of fresh egg, but minus the protection of the shell membrane and the shell itself.
However, the risks of liquid egg altering are greater than is the case with eggs in their shells. Kept in stainless steel containers and refrigerated at 4°C, eggs can be kept out of their shells for at least 24 hours without losing their technological faculties.

"Frozen" egg
In the correct hygiene conditions, egg yolks and whites can be stored for the longest amount of time in this form. To maintain all the technological qualities of egg, it must be deep-frozen at - 30°C as rapidly as possible. Egg yolks and whites can be packed in anything from 1 kg cartons to 20 kg cans.
They should be left to thaw out gradually in a refrigerated container at 4-6°C. Under no circumstances should the bain-marie technique be used for thawing. Intensive heat treatment is likely to alter a part of the protein content, thereby diminishing the technological qualities of the egg.

Powdered egg
This is undeniably the most advantageous form due to its low storage volume. However, although possible with egg whites, whole eggs and yolks dried by the atomization process are not suitable for use in the preparation of doughs.

The technological faculties of eggs

The emulsifying power of eggs improves:
- the stability of fat/liquid emulsions,
- the velvety texture of ice-creams and ices,
- the homogeneity of cream desserts.

The proteins present in yolks are able to bind liquids together under the action of heat. They colour the doughs, masses and creams into which they are mixed.

When whisked, egg whites turn into a foam with varying degrees of stability, and this is used in making very specific types of product such as meringues.

Le beurre

Composition moyenne

Matières grasses	82 - 86 %	Fat
Eau	13 - 16 %	Water
Non-gras	1 - 2 %	Nonfat

Le beurre est issu de la maturation et du barattage de la crème de lait.

Butter

Average composition

Butter is the end-product of the ripening and churning of cream.

Les températures

Une qualité de pain suivie dépend, en grande partie, de la température de la pâte en fin de pétrissage, température qui elle-même est fonction de celle de la farine, du fournil et de l'eau de coulage. Comme les deux premières, soumises à des facteurs externes, ne peuvent être réglées, l'ajustement est fait en jouant sur la température de l'eau de coulage.
Il existe pour chaque pain une température théorique : la température de base. Elle est la somme de la température du fournil, de celle de la farine et de celle d'eau de coulage. Cette température de base fixée permet, en fonction des variations de température de la farine et du fournil, de déterminer la température de l'eau de coulage. Il suffit de relever les températures du fournil ainsi que celle de la farine, les additionner puis les soustraire de la température de base et le résultat donnera la température de l'eau de coulage.
ex.

Temperatures

Maintaining good bread quality depends to a great extent upon the temperature of the dough at the end of the kneading stage, and this in itself is governed by the temperature of the flour, the bakery and the water used in the mix. As the first two cannot be altered since they are subject to external factors, adjustments are made by modifying the temperature of the water.There is a theoretical temperature for each loaf of bread, known as its "basic temperature". This is calculated by adding together the temperature of the bakery, the flour and the water in the mix. According to variations in the temperature of the flour and the bakery, this fixed basic temperature helps determine the temperature of the water. The temperatures of the bakery and the flour simply need to be measured, added up, and then subtracted from the basic temperature. The final result will indicate the required water temperature.
E.g.

Température de base	64°C	Basic temperature
Température du fournil	24°C	Bakery temperature
Température de la farine	18°C	Flour temperature
a) on additionne	24° + 18° = 42°C	a) add
b) on soustrait = température de l'eau de coulage	64° - 42° = 22°C	b) subtract = the water temperature

La fermentation

La fermentation panaire est le résultat de la transformation de certaines substances organiques par des micro-organismes appelés *ferments*. Ces ferments peuvent être apportés à la pâte soit sous forme de levain (culture de levure sauvage chez l'artisan) soit sous forme de levure industrielle vendue dans le commerce en blocs de 500 g. Lors de la fermentation, le boulanger devra observer les réactions physiques de la pâte, principalement lors du pointage, afin de maîtriser le mieux possible la force de la pâte. Il sera donc amené à augmenter le temps de pointage en cas de manque de force et à le réduire dans le cas contraire.
Il est toutefois conseillé de laisser un temps de pointage au minimum de 45 à 60 minutes pour la fabrication du pain courant et ce pointage gagnera à être effectué en cuve. Le résultat de ces premières minutes de fermentation sera beaucoup plus satisfaisant au niveau du goût du pain.
La fermentation se poursuit pendant le pesage et la tourne ainsi que pendant l'apprêt ; elle doit se traduire par un développement

Fermentation

Bread fermentation is the result of the transformation of certain organic substances by micro-organisms known as *fermenting agents*. These agents can be added to the dough either in the form of a natural starter or «levain» (a culture of wild yeast made by artisans) or in the form of industrial yeast available on the market in the form of 500 g compressed cakes. During fermentation, bakers should always observe the physical reactions taking place in the dough, especially during the first proof, so as to ensure maximum control over the strength of the dough. They will need to increase the rising time if it lacks strength, or reduce it in the opposite case.
It is however advisable to allow for a minimum time of 45-60 minutes for the first proof when baking ordinary bread, and the process will be improved if it takes place in a trough. The result of these first few minutes of fermentation will be much more satisfactory in terms of the taste of the bread.
Fermentation carries on during the weighing and shaping

gazeux optimum qui donnera au pain sa structure alvéolée et sa légèreté.
La durée de l'apprêt est variable suivant les méthodes de fabrication et les conditions ambiantes. En règle générale, au moment propice de la mise au four, la pâte doit réagir en ne conservant pas l'empreinte laissée par une légère pression du bout des doigts.

La cuisson

La durée de cuisson varie en fonction de la grosseur des pains. Il est très important d'apprécier la cuisson d'après la résonance du pain, en le frappant du bout des doigts à sa partie inférieure et d'après le degré de résistance de la croûte et non pas par rapport à la couleur extérieure du pain.

Comment présenter le pain ?

On dit souvent que le coup de lame est la signature du boulanger ! Selon sa réussite, plus ou moins évidente, l'on jugera de son habileté et de sa finesse. La coupe est donc un art auquel il faut apporter beaucoup de soins. Pour présenter le pain, la *grigne* toujours à gauche (voir sur la photo).

Le façonnage

C'est la dernière manipulation avant l'enfournement. Elle a pour but de donner non seulement la forme générale des pains, mais aussi de corriger certains défauts de la pâte. On donne aussi à cette opération le nom de « tourne », qui correspond arbitrairement dans le jargon professionnel à un simple boudinage (baguette par exemple). Le façonnage proprement dit implique une mise en forme définitive à ce stade : c'est le cas du pain fendu.
C'est après la détente des pâtons, c'est-à-dire à l'issu du pointage, qu'ils sont repris un à un dans l'ordre où ils ont été pesés ou divisés, pour être mis en forme.
Autrefois réalisée exclusivement à la main, la mise en forme définitive se pratique désormais à l'aide d'une machine appelée « façonneuse ». Une bonne pratique « à la main » reste cependant l'une des bases du métier, indispensable pour les pâtes qui ne passent pas en machine et aussi pour une bonne compréhension du comportement des pâtes à la façonneuse.

FAÇONNAGE MANUEL
(voir **photos n° 1, n° 2, n° 3 et n° 4**)
Quel que soit le type de pain, la pâte exige une mise en forme régulière et correcte. On doit éviter de l'écraser et de la déchirer. Par ailleurs, il est indispensable de tenir compte de son degré de fermentation, ainsi que de sa consistance pour agir sur le serrage des pâtons qui, selon les cas, doit être plus ou moins accentué. En effet, une pâte molle ou manquant de force demande un serrage plus important qu'une pâte ferme ou ayant trop de force.
La mise en forme finale des pains de forme allongée comprend

processes and also during the final proof; it should lead to optimal gas production which will give the bread its porous structure and lightness.
The amount of time needed for the final proof can vary according to the methods used as well as external conditions. Generally speaking, when ready to be put in the oven, the dough should react by springing back when lightly pressed with the fingertips.

Baking

The baking time can vary according to the size of the loaves. It is very important to be able to tell how well cooked the bread is by its resonance - this is done by tapping the bottom of the loaf with the fingertips - and by the hardness of the crust. It should not be judged in relation to the colour of the outer surface of the bread.

How should bread be presented?

It is often said that the knife-cut is the baker's trademark! His skill and finesse will be judged according to how well it has been carried out. Bread-cutting is therefore an art which requires careful attention. In presenting bread, the undercut ("*grigne*" in French) should always be on the left (see photo).

Shaping

This is the final operation before placing bread in the oven. Its aim is not only to give the loaves their overall shape, but also to correct certain faults in the dough. In French, this operation is known as "*la tourne*" which, in professional jargon, corresponds more or less to the forming of elongated loaves (such as baguettes). Shaping in the strictest sense of the term means creating the final shape of the bread: this is the case with split bread for example.
After the dough pieces have been left to rise, i.e. after the first proof, they are taken one by one in the order in which they were weighed or divided, to be shaped.
Although this operation used to be carried out uniquely by hand, the final shaping process is now done with the help of a machine known as a "moulder". An ability to shape bread "by hand" is still however one of the basic skills of the trade; it is vital when working with doughs which cannot be put through a machine, and also in understanding how doughs react inside the moulder.

SHAPING BY HAND
(see **photos n° 1, n° 2, n° 3 and n° 4**)
Whatever the type of bread, dough must have a correct, regular shape. It should not be crushed or torn. What is more, its degree of fermentation must always be taken into account, as must its consistency, in determining the extent to which the dough pieces should be deflated, as this varies depending on the situation.
A soft dough or one lacking in strength needs to be deflated more than a firm dough or one which is too strong.
The final shaping of long loaves comprises three successive phases:

1 ▲

2 ▶

◀ 3

4 ▲

3 phases successives :
- l'applatissage
- le pliage
- l'allongement
Il y a ensuite la mise sur couches.

- sheeting
- folding
- rolling
The loaves are then stacked in layers.

Les marques à pain

Autrefois, les marques à pain étaient en bois, souvent en noyer joliment travaillé, sculpté avec beaucoup d'imagination : soit gravé d'ornements, soit avec les initiales de la famille. Ceci permettait au fournier, lorsque l'on portait son pain à cuire au four commun, de reconnaître à qui le pain appartenait (**photos n° 5 et n° 6**).

Bread marks

In the past, bread marks were made of wood, often finely worked walnut, sculpted with great imagination. They were either engraved with decorative motifs, or bore the initials of the family. This enabled the baker to recognize who the different loaves belonged to when townsfolk brought their bread to be baked in the communal oven (**photos n° 5 and n° 6**).

5 ▲

◀ 6

Le gueulard

Dans les anciens fours, il n'y a qu'une ouverture qui sert à la fois à charger le four en bûches de bois, à enlever les braises quand il est

The "oven throat"

In old-fashioned ovens, there was a single opening which was used for filling the oven with logs of wood, removing the embers

7 ▶

◀ 8

chaud, et à enfourner le pain. Dans les fours un peu plus perfectionnés, le bois est placé dans un foyer situé sous la sole, qui communique avec le four par une ouverture où on installe le gueulard, qui est orientable et qui permet de diriger les flammes vers tel ou tel endroit du four (**photos n° 7, 8, 9, 10**).

◄ 9

10 ▲

once it was hot, and placing the bread in the oven. In slightly more sophisticated ovens, the wood was placed in a firebox situated under the sole, which was connected to the oven via an opening in which the *gueulard* ("oven throat") was positioned. This could be moved around so as to direct the flames towards particular areas of the oven (**photos n° 7, 8, 9, 10**).

La râpe

Utilisée à la fin du XIXe siècle, inconnue de nos jours.
Les artisans boulangers attacheront de plus en plus d'importance au jet de cette grigne, assimilée à une signature et critère objectif de réussite de la panification. Malgré tout, pour certains clients difficiles, la boulangère utilisait une râpe spéciale de boulanger, afin de limer les arêtes trop vives des croûtes. Elle servait initialement à détacher la croûte carbonisée du dessous des pains (trop ferrés).

The grater

This was used until the end of the 19th century and has now disappeared entirely from use.
Artisan bakers came to attach increasing importance to how well the *grigne* was made, since it was considered to be a kind of trademark and was one of the criteria for judging successful bread-making. However, for certain difficult clients, the baker would use a special baker's grater to file away any edges of the crust which were too rough. It was initially used to remove the carbonized crust from the bottom of loaves (when burned).

Le grille-pain suspendu, réversible

Faire griller un bon pain est une merveilleuse façon de le valoriser. Mais contrairement à ce que l'on pense peut-être, ce n'est pas une manipulation évidente. Il faut savoir qu'un pain frais grille beaucoup moins facilement qu'un pain rassis. Le pain rassis prend une couleur plus appétissante, et la bonne épaisseur pour une tranche de pain que l'on veut griller est de 8 à 10 millimètres.

The suspended, reversible toaster

Toasting is a wonderful way of bringing out the qualities of good bread. However, contrary to what one might imagine, this is not a simple process. It is important to note that fresh bread toasts much less easily than stale bread, and stale bread develops a more appetizing colour. The optimal thickness for a slice of toasting bread is between 8 and 10 millimetres.

La taille

La comptabilité des boulangers était très limitée. On procédait par l'échange ou au moyen de la *taille*.
La taille était un petit bâton ou une réglette de 25 à 30 cm de long, fendu en 2 parties égales, s'adaptant donc parfaitement l'une sur l'autre. Lorsque le client venait chercher le pain, le boulanger faisait, au moyen d'un couteau ou d'une scie, en présence de l'acheteur, un ou plusieurs crans correspondant au nombre de pains. Le boulanger conservait une des tailles accrochée dans son magasin, avec l'indication du client. À la fin du mois, le client présentait sa taille et le boulanger rapprochait les 2 morceaux de bois indiquant les quantités livrées, et se faisait payer.
L'usage des tailles a disparu à Paris vers les années 1920.
En province, l'usage s'est amenuisé entre les deux guerres. Mais dans les boulangeries de campagne, l'usage de la taille a survécu jusqu'aux environ des années 1950.

The tally

Accounting methods used to be very limited and consisted in a system of bartering or the use of a "tally" (or *taille* in French).
The tally was a small stick or ruler around 25 to 30 cm long, split into two equal parts which fitted perfectly one on top of the other. When a client came to collect his bread, the baker used a knife or saw to make one of more notches in the tallies corresponding to the number of loaves bought; this was done in the presence of the purchaser. The baker would keep one of the tallies in his shop with the client's name on it. At the end of the month, the client came along with his tally, the baker compared the two pieces of wood showing the quantities delivered, and was paid accordingly.
The tally method ceased to be used in Paris in the 1920s. In provincial areas of France its use dwindled during the inter-war period. However, the system survived in country bakeries into the 1950s.

Boulangerie
Bread-making

Recettes *Recipes*

Recettes	Recipes
Le levain naturel, le chef	Natural Starter, Mother
Fabrication du levain	Making the Starter
Pain sur levain type 65	Bread with a Natural Starter (65-grade)
Pain complet	Wholewheat Bread
Pain de seigle aux raisins	Rye Bread with Raisins
Pain de seigle	Rye Bread
Gruau Auvergnat	Auvergne-style Gruau Bread
Pain de campagne sur levain naturel	Country Bread with a Natural Starter
Pain sur levain	Bread with a Natural Starter
Baguette paysanne	Peasant Baguette
Pain paysan	Peasant Bread
Pain biologique	Organic Bread
Pain aux céréales sur levain	Cereal Bread with a Natural Starter
Pain de tradition française	Traditional French Bread
Tougnole des Pyrénées - Tordu du Gers	Pyrenean Tougnole - Gers-style Tordu
Baguette viennoise	Viennese Baguette
Baguette sur poolish	Baguette with a Sponge Starter
Pain de mie (tomate, épinard)	Sandwich Bread (tomato, spinach)
Pain Brié	Brié Bread
Pain à l'huile	Oil Bread
Pain au fromage	Cheese Bread
Pain de seigle rustique	Rustic Rye Bread
Pain anglais	"English Bread"
Pain de méteil	Mixed-grain Bread
Pain aux noix raisins	Walnut and Raisin Bread
Pain au citron	Lemon Bread
Pain à la menthe	Mint Bread
Pain à l'ail	Garlic Bread
Pain aux châtaignes	Chestnut Bread
Petits pains	Bread Rolls
Pain aux pruneaux et noisettes	Prune and Hazelnut bread
Baguettes restaurant	Restaurant Baguettes
Pain au lard	Bacon Bread
Pain aux oignons	Onion Bread
Pain aux olives	Olive Bread
Pâte décor	Decorating Dough
Appareil chocolat pour écriture	Chocolate Mixture for Writing

Recommandé pour
déjeuners et dîners
Recommended for
lunches and dinners

Recommandé pour
les goûters
Recommended for
afternoon teas

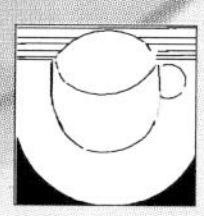

Recommandé pour
les petits déjeuners
Recommended for
breakfasts

1 ▲

2 ▲

Le Levain naturel

Nous conseillons d'utiliser une farine de bonne qualité, qui ait un bon gluten, et une eau qui soit privée de chlore autant que possible, à environ 20°C, et pas trop riche en sels minéraux, ceux-ci risquent de ralentir le processus de fermentation. L'élément activateur du processus de fermentation peut être un jus de fruits abricot, raisin, pomme.

Natural Starter

We would recommend using a good quality flour, with a high gluten content, and water at about 20°C, which has no added chlorine where possible, and is not too rich in minerals since the latter might slow down the fermentation process. The activating element in the fermentation process can be apricot, grape or apple juice.

Fabrication du chef

Ingrédients

500 g de raisins secs de Corinthe
50 g de sucre
500 g d'eau

Procédé

Laisser les raisins et le sucre dans un bocal, le tout recouvert d'eau, dans un endroit chaud, pendant 4 à 6 jours. Lorsque l'on constate une fermentation des raisins (**photos n° 1, n° 2**), presser les raisins et pétrir (**photo n° 3**).

Making the "chef"

Ingredients

500 g raisins
50 g sugar
500 g water

Method

Cover the raisins and sugar with water and leave in a jar in a warm place for between 4 and 6 days. When the raisins can be seen to be fermenting (**photos n° 1 and 2**), press the raisins and knead (**photo n° 3**).

Ingrédients

500 g de jus de raisins
700 g de farine type 65

Procédé

Pétrir 5 min en première vitesse (**photo n° 4**).
Pâte ferme.
Fermentation : 4 h.
Rafraîchir le levain mère avec la farine eau.

Ingredients

500 g grape juice
700 g 65-grade flour

Method

Knead for 5 min at low speed (**photo n° 4**). Firm dough.
Fermentation: 4 hours.
Refresh the mother with flour and water.

La mère

500 g d'eau
700 g de farine

Pétrir 5 min en première vitesse.

Mother

500 g water
700 g flour

Knead for 5 min at low speed.

Chef

Conservation du chef une semaine au réfrigérateur entre 2 et 4°C.

"Chef"

The "chef" can be kept for a week in the refrigerator at a temperature between 2 and 4°C.

3 ▲

4 ▲

Fabrication du levain

Making the Starter

INGRÉDIENTS

3 000 g d'eau
1 000 g de chef
5 400 g de farine type 65 meule de pierre

INGREDIENTS

3,000 g water
1,000 g "chef"
5,400 g stoneground 65-grade flour

1 ▲

2 ▲

3 ▲

MÉTHODE

Représente un coulage de $13^1/2$ l d'eau pour le campagne (voir p. 39).
Température de base : 64°C.
5 min pétrissage en première vitesse.
6 heures de pointage à 23-24°C.

Au départ, bien mettre le chef dans le bras du pétrin, pour éviter de perdre des gaz carboniques (**photo n° 1**).
Après pétrissage, mettre beaucoup de farine sous les levains (**photo n° 2**) pour qu'ils n'attachent pas aux corbeilles (sinon perte de gaz).
Suivre la fermentation du levain 5 à 6 heures environ : il est bon lorsqu'il a doublé de volume (**photo n° 3**).
Le temps est donc plus ou moins long.
Levain pouvant servir au pétrissage de baguettes paysannes + pain de campagne sur levain. Couvrir les levains.

METHOD

Represents a pouring quantity of $13^1/2$ litres of water for country bread (see p. 39).
Basic temperature: 64°C.
Knead for 5 min at low speed.
First proof: 6 hours between 23 and 24°C.

To start with, transfer the mother to the kneader very carefully to avoid any loss of carbonic gas (**photo n° 1**).
After kneading, place a large quantity of flour under the starter (**photo n° 2**) so that it does not stick to the basketwork (otherwise gas will escape). Survey the fermentation of the starter for around 5 to 6 hours. It is ready for use when doubled in volume (**photo n° 3**). The time taken can therefore vary. This starter can be used for kneading peasant baguettes and country bread based on a natural starter. Keep the starter covered.

Pain sur levain type 65

Bread with a Natural Starter (65-grade)

Ingrédients

1 000 g d'eau
43 g de sel
20 g de germe de blé
700 g de levain
1 600 g de farine type 65

Ingredients

1,000 g water
43 g salt
20 g wheatgerm
700 g starter
1,600 g 65-grade flour

Procédé

Température de base : 64°C.
Pétrissage : mettre le levain dans l'eau avec le sel et la farine. Pétrissage pendant 13 min en première vitesse.
Pointage : 2 heures.
Pesée : boule de 2 kg, légèrement farinée, en bannetons.
Détente : 15 min.
Apprêt : 16 heures à 14°C.
Enfournement et cuisson : 2 heures à 220°C, à chaleur tombante 200°C.

Method

Basic temperature: 64°C.
Kneading: place the starter in the water with the salt and flour. Knead for 13 min at low speed.
First proof: 2 hours.
Weight: 2 kg ball, lightly dusted, in bread baskets.
Resting time: 15 min.
Final proof: 16 hours at 14°C.
Baking time: 2 hours at 220°C, then lower to 200°C.

Pain complet | *Wholewheat Bread*

Pain complet

Wholewheat Bread

INGRÉDIENTS

1 000 g d'eau
1 550 g de farine complète
700 g de levain de pain de campagne
35 g de sel
25 g de levure

INGREDIENTS

1,000 g water
1,550 g wholewheat flour
700 g country bread starter
35 g salt
25 g yeast

1 ▲

2 ▲

PROCÉDÉ

Température de base : 64°C.
Pétrissage : mettre l'eau, le levain, la farine, la levure et incorporer le sel au bout de 2 min.
Temps de pétrissage : 15 min en première vitesse.
Pointage : 60 min.
Pesée : pâtons de 400 g.
Façonnage : en bâtard coupé à la lame de rasoir (**photo n° 1**), en saucisson (**photo n° 2**).
Apprêt : 1 h 30.
Enfournement et cuisson : 250°C en présence de buée pendant 45 min.

METHOD

Basic temperature: 64°C.
Kneading: Place the water, starter, flour and yeast in the kneader and incorporate the salt after 2 min.
Kneading time: 15 min at low speed.
First proof: 60 min.
Weight: 400 g dough pieces.
Shaping: in "bâtard" form (short, fat baguette shapes), scored with a razor-sharp blade (**photo n° 1**), or in a sausage shape (**photo n° 2**).
Final proof: $1^{1}/2$ hours.
Baking time: 45 min at 250°C with steam.

Pain de seigle aux raisins | *Rye Bread with Raisins*

1 ▲

Pain de seigle aux raisins

Rye Bread with Raisins

Ingrédients
1 000 g d'eau
1 425 g de farine de seigle
35 g de sel
25 g de levure
700 g de levain de campagne
640 g de raisins

Ingredients
1,000 g water
1,425 g rye flour
35 g salt
25 g yeast
700 g country bread starter
640 g raisins

2 ▲

Procédé

Température de base : 64°C.
Mettre le levain dans l'eau, puis la levure, la farine puis le sel au bout de 2 min.
Temps de pétrissage : 15 min en première vitesse.
Incorporer les raisins de Corinthe en fin de pétrissage (**photos n° 1 et 2**).
Pointage : 45 min.
Pesée : 100 g.
Façonnage : en boule légèrement farinée (**photo n° 3**).
Apprêt : 60 min.
Enfournement (**photo n° 4**) et cuisson : 160 min à 240°C.

Method

Basic temperature: 64°C.
Place the starter in the water, followed by the yeast and flour, and then the salt 2 min later.
Kneading time: 15 min at low speed.
Incorporate the raisins during the final stage of kneading, (**photos n° 1 and 2**).
First proof: 45 min.
Weight: 100 g.
Shaping: in a lightly dusted ball (**photo n° 3**).
Final proof: 60 min.
Baking time (**photo n° 4**): 160 min at 240°C.

3 ▲

4 ▲

Pain de seigle | *Rye Bread*

Pain de seigle | *Rye Bread*

Pain de seigle | *Rye Bread*

INGRÉDIENTS

1 000 g d'eau
1 425 g de farine de seigle
35 g de sel
25 g de levure
700 g de levain de campagne

INGREDIENTS

1,000 g water
1,425 g rye flour
35 g salt
25 g yeast
700 g country bread starter

1 ▲

PROCÉDÉ

Pétrissage.
Température de base : 64°C.
Temps de pétrissage : 15 min en première vitesse.
Mettre l'eau, le levain, la farine, la levure, puis incorporer le sel au bout de 2 min.
Pointage : 60 min.
Pesée : 400 g.
Façonnage : en boule légèrement farinée ou en long (**photos n° 1 et n° 2**).
Apprêt : 60 min.
Enfournement et cuisson : 240°C pendant 45 min.

METHOD

Kneading.
Basic temperature: 64 °C.
Kneading time: 15 min at low speed.
Place the water, starter, flour and yeast in the kneader, then add the salt after 2 min.
First proof: 60 min.
Weight: 400 g.
Shaping: in a lightly dusted ball or long loaf (**photos n° 1 and 2**).
Final proof: 60 min.
Baking time: 45 min at 240°C.

2 ▲

Gruau auvergnat | *Auvergne-style Gruau Bread*

Gruau auvergnat

Auvergne-style Gruau Bread

INGRÉDIENTS

1 000 g d'eau
1 500 g de farine gruau type 45
35 g de sel
25 g de levure
25 g de poudre de lait 30 % matières grasses
100 g de Manitoba

INGREDIENTS

1,000 g water
1,500 g 45-grade white wheat flour
35 g salt
25 g yeast
25 g milk powder - 30 % fat
100 g Manitoba (strong wheat flour)

1 ▲

2 ▲

3 ▲

4 ▲

PROCÉDÉ

Température de base : 66°C.
Temps de pétrissage : 9 min en première vitesse.
Mettre l'eau, la levure, la poudre de lait et la farine, puis ajouter le sel au bout de 2 min.
Pointage : 3 heures.
Pesée : 50 g en pâte.

Fabrication pour : Pistolet, Auvergnat, Tabatière
Prélever 400 g de pâte. Étaler à 3 mm au laminoir avec de la farine de seigle (**photos n° 1 et 2**).
Emporte-pièces : 7 cm.
Détailler (**photo n° 3**). Poser sur couche farinée avec seigle.
Poser les boules de 50 g pour Auvergnat (**photo n° 4**).
Pistolet : même principe qu'un pain fendu.
Apprêt : 60 min.
Enfournement et cuisson : 250°C pendant 15 min avec buée.

METHOD

Basic temperature: 66°C.
Kneading time: 9 min at low speed.
Place the water, yeast, milk powder and flour in the kneader, then add the salt after 2 min.
First proof: 3 hours.
Weight: 50 g dough.

Method for: Pistol loaf ("Pistolet"), Auvergne-style loaf ("Auvergnat"), Pouch loaf ("Tabatière")
Take 400 g of the dough. Roll out to 3 mm thick using rye flour (**photos n° 1 and 2**).
Cutter: 7 cm. Cut the dough into shapes (**photo n° 3**).
Place on a canvas cloth dusted with rye flour.
Place 50 g balls on top for the Auvergne-style loaf (**photo n° 4**).
Pistol: same principle as a split loaf.
Final proof: 60 min.
Baking time: 15 min at 250°C with steam.

tous plats

Pain de campagne sur levain naturel | *Country Bread with a Natural Starter*

Pain de campagne sur levain naturel

Country Bread with a Natural Starter

1 ▲

INGRÉDIENTS

1 000 g d'eau
43 g de sel
20 g de germe de blé
700 g de levain
1 400 g de farine type 55
160 g de seigle

INGREDIENTS

1,000 g water
43 g salt
20 g wheatgerm
700 g starter
1,400 g 55-grade flour
160 g rye

2 ▼

3 ▲

4 ▲

PROCÉDÉ

Température de base : 64°C.
Pétrissage : mettre le levain dans l'eau avec le sel, le germe de blé, la farine et le seigle (**photo n° 1**). Pétrir pendant 13 min en première vitesse (**photo n° 2**).
Pointage : 1 heure (**photo n° 3**).
Pesée : 600 g.
Détente : 10 min.
Façonnage : en bâtard sur couche farinée ou en bannetons soudure dessus (**photo n° 4**).
Apprêt : 16 heures à 14°C et 80 % d'humidité.
Enfournement et cuisson : 45 min à 230°C.

METHOD

Basic temperature: 64 °C.
Kneading: place the starter in the water with the salt, wheatgerm, flour and rye, (**photo n° 1**). Knead for 13 min at low speed (**photo n° 2**).
First proof: 1 hour (**photo n° 3**).
Weight: 600 g.
Resting time: 10 min.
Shaping: in "bâtard" shapes on a dusted linen cloth, or in bread baskets, seam-side up (**photo n° 4**).
Final proof: 16 hours at 14°C and 80 % humidity.
Baking time: 45 min at 230°C.

Pain sur levain

Bread with a Natural Starter

Ingrédients
1 000 g d'eau
43 g de sel
20 g de germe de blé
700 g de levain
1 600 g de farine type 55

Ingredients
1,000 g water
43 g salt
20 g wheatgerm
700 g starter
1,600 g 55-grade flour

1 ▲

2 ▲

3 ▼

4 ▲

5 ▼

6 ▲

Procédé

Température de base : 64°C.

Pétrissage : mettre le levain dans l'eau avec le sel, le germe de blé (**photos n° 1 et 2**) et la farine. Pétrissage pendant 13 min en première vitesse (**photo n° 3**).

Pointage : 1 heure (**photo n° 4**).

Pesée : 600 g.

Détente : 10 min.

Façonnage : en bâtard sur couche farinée (**photo n° 5**) ou en bannetons, soudure dessus.

Apprêt : 16 heures à 14°C et 80 % d'humidité.

Grigne (**photo n° 6**.

Enfournement et cuisson : 45 min à 230°C.

Method

Basic temperature: 64°C.

Kneading: place the starter in the water with the salt, wheatgerm and flour (**photos n° 1 and 2**). Knead for 13 min at low speed (**photo n° 3**).

First proof: 1 hour (**photo n° 4**).

Weight: 600 g.

Resting time: 10 min.

Shaping: in "bâtard" shapes on a dusted linen cloth (**photo n° 5**) or in bread baskets, seam-side up.

Final proof: 16 hours at 14°C and 80 % humidity.

Grigne (**photo n° 6**).

Baking time: 45 min at 230°C.

Baguette paysanne | *Peasant Baguette*

Baguette paysanne

Ingrédients

1 000 g d'eau
1 600 g de farine type 55
40 g de sel
600 g de levain
10 g de germe de blé

Procédé

Température de base : 54°C.
Pétrissage (pétrin axe oblique) : mettre le levain dans l'eau avec le germe de blé et la farine. Fraser 3 min en première vitesse, puis 10 min en deuxième vitesse. Ajouter le sel, puis pétrir encore 5 min. Au total : 18 min de pétrissage.
Température de la pâte en fin de pétrissage : 23°C.
Pointage : 1 heure.
Pesée : 350 g.
Détente : 10 min.
Façonnage : baguette sur couche farinée, soudure dessus.
Apprêt : 18 heures à 14°C.
Enfournement et cuisson : 20 min à 250°C.

Peasant Baguette

Ingredients

1,000 g water
1,600 g 55-grade flour
40 g salt
600 g starter
10 g wheatgerm

Method

Basic temperature: 54°C.
Kneading: place the starter in the water with the wheatgerm and flour. Begin by kneading for 3 min at low speed, then 10 min at medium speed. Add the salt, then knead for another 5 min. Total kneading time: 18 min.
Dough temperature at end of kneading: 23°C.
First proof: 1 hour.
Weight: 350 g.
Resting time: 10 min.
Shaping: baguette on a dusted linen cloth, seam-side up.
Final proof: 18 hours at 14°C.
Baking time: 20 min at 250°C.

Pain paysan | Peasant Bread

Pain paysan

Ingrédients

1 000 g d'eau
1 600 g de farine type 55
40 g de sel
600 g de levain
10 g de germe de blé
50 g de seigle

Procédé

Température de base : 54°C.
Pétrissage (pétrin axe oblique) : mettre le levain dans l'eau avec le germe de blé et la farine. Fraser 3 min en première vitesse, puis 10 min en deuxième vitesse. Ajouter le sel, puis pétrir encore 5 min. Au total : 18 min de pétrissage.
Température de la pâte en fin de pétrissage : 23°C.
Pointage : 2 heures.
Pesée : gros pain de 1,650 kg coupé en 3 coups de lame.
Détente : 10 min.
Façonnage : sur couche farinée soudure dessus.
Apprêt : 18 heures à 14°C.
Enfournement et cuisson : 1 h 30 à 240°C, à chaleur tombante 200°C.

Peasant Bread

Ingredients

1,000 g water
1,600 g 55-grade flour
40 g salt
600 g starter
10 g wheatgerm
50 g rye

Method

Basic temperature: 54°C.
Kneading: place the starter in the water with the wheatgerm and flour.
Begin by kneading for 3 min at low speed, then 10 min at medium speed.
Add the salt, then knead for another 5 min.
Total kneading time: 18 min.
First proof: 2 hours.
Weight: large 1.650 kg loaf scored with 3 knife cuts.
Resting time: 10 min.
Shaping: on a dusted linen cloth, seam-side up.
Final proof: 18 hours at 14°C.
Baking time: 1 1/2 hours at 240°C, then lower to 200°C.

Pain biologique | Organic Bread

Pain biologique

Ingrédients

1 000 g d'eau
35 g de sel marin
1 350 g de farine biologique
700 g de levain biologique
8 g de sel pour le levain

Procédé

Température de base : 64°C.
Pétrissage : mettre le levain dans l'eau avec la farine et le sel marin. Pétrir pendant 14 min en première vitesse.
Température de la pâte en fin de pétrissage : 25°C.
Pointage : 1 heure en cuve.
Pesée : 600 g.
Détente : 10 min.
Façonnage : en banneton de bois fariné avec farine biologique.
Apprêt : 18 heures à 14°C.
Enfourner les pains pour la mise au four.
Cuisson : 45 min à 250°C en début de cuisson, puis terminer à 220°C.

Organic Bread

Ingredients

1,000 g water
35 g sea salt
1,350 organic flour
700 g organic starter
8 g salt for starter

Method

Basic temperature: 64°C.
Kneading: place the starter in the water with the flour and sea salt. Knead for 14 min at low speed.
Dough temperature after kneading: 25°C.
First proof: 1 hour in a trough.
Weight: 600 g.
Resting time: 10 min.
Shaping: in wooden bread baskets dusted with organic flour.
Final proof: 18 hours at 14°C.
Place the loaves on the peel for loading.
Baking time: 45 min at 250°C at the start of baking, then finish at 220°C.

Pain aux céréales sur levain | *Cereal Bread with a Natural Starter*

Pain aux céréales sur levain

Ingrédients

1 000 g d'eau
1 700 g de farine type 55
40 g de sel
600 g de levain
10 g de germe de blé
100 g de sésame
75 g de lin
75 g de flocons d'avoine

Procédé

Température de base : 54°C.
Pétrissage (pétrin axe oblique) : mettre le levain dans l'eau avec le germe de blé et la farine. Fraser pendant 3 min en première vitesse. Ajouter les céréales et pétrir 10 min en deuxième vitesse. Puis ajouter le sel et pétrir 5 min. Total : 18 min de pétrissage.
Pointage : 50 min ou 2 heures pour 2 kg.
Pesée : 500 g.
Détente : 10 min.
Façonnage : soudure dessus, farinée.
Apprêt : 18 heures à 14°C.
Enfourner à 250°C.
Enfournement et cuisson : 45 min à 240°C pour 550 g, et 1 h 30 pour 2 kg.

Cereal Bread with a Natural Starter

Ingredients

1,000 g water
1,700 g 55-grade flour
40 g salt
600 g starter
10 g wheatgerm
100 g sesame
75 g linseed
75 g rolled oats

Method

Basic temperature: 54°C.
Kneading: place the starter in the water with the wheatgerm and flour. Begin by kneading for 3 min at low speed. Add the cereals and knead for 10 min at medium speed. Then add the salt and knead for 5 min. Total kneading time: 18 min.
First proof: 50 min or 2 hours for 2 kg.
Weight: 500 g.
Resting time: 10 min.
Shaping: seam-side up, dusted.
Final proof: 18 hours at 14°C.
Place in an oven pre-heated to 250°C.
Baking time: 45 min at 240°C for 550 g, and 1 1/2 hours for 2 kg.

Pain de tradition française | *Traditional French Bread*

Pain de tradition française

Traditional French Bread

1 ▲

Ingrédients

7 000 g d'eau
11 000 g de farine
140 g de levure
245 g de sel
1 750 g de pâte fermentée

Ingredients

7,000 g water
11,000 g flour
140 g yeast
245 g salt
1,750 g fermented dough

2 ▲

3 ▲

4 ▲

5 ▲

6 ▲

7 ▲

8 ▲

Procédé

Température de base : 54°C.
Pétrissage : délayer la levure dans l'eau, puis ajouter la farine (**photos n° 1, 2 et 3**). Pétrir pendant 3 min en première vitesse, puis 10 min en deuxième vitesse (**photos n° 4 et 5**). Ajouter le sel et pétrir encore 5 min en deuxième vitesse (**photo n° 6**).
Pointage : 60 min.
Pesée : 350 g.
Détente : 60 min.
Façonnage : sur toile (**photos n° 7, 8 et 9**).
Apprêt : 1 h 30.
Enfournement et cuisson : 20 min à 250°C avec buée.

Method

Basic temperature: 54°C.
Kneading: mix the yeast in the water, then add the flour (**photos n° 1, 2 and 3**). Knead for 3 min at low speed, then 10 min at medium speed (**photos n° 4 and 5**). Add the salt and knead for another 5 min at medium speed (**photo n° 6**).
First proof: 60 min.
Weight: 350 g.
Resting time: 60 min.
Shaping: on a canvas cloth (**photos n° 7, 8 and 9**).
Final proof: 1 1/2 hours.
Baking time: 20 min at 250°C with steam.

9 ▲

Tordu du Gers | *Gers-style Tordu*

Tougnole des Pyrénées | *Pyrenean Tougnole*

Tougnole des Pyrénées Tordu du Gers

Pyrenean Tougnole Gers-style Tordu

1 ▲

Ingrédients

1 000 g d'eau
1 150 g de farine type 55
400 g de seigle
700 g de levain de campagne
35 g de sel
25 g de levure

Ingredients

1,000 g water
1,150 g 55-grade flour
400 g rye
700 g country bread starter
35 g salt
25 g yeast

2 ▲

3 ▲

4 ▲

5 ▲

6 ▼

Procédé

Température de base : 64°C.
Pétrissage : pétrir, pendant 15 min en première vitesse, tous les ingrédients sauf le sel que l'on ajoute au bout de 2 min.
Pointage : 60 min.
Pesée : 800 g pour la tougnole.
Détente : 10 min.
Façonnage : étaler 1/3 de la pâte avec la farine de seigle (**photos n° 1, 2 et 3**).

Tordu du Gers

Apprêt : 60 min.
Façonnage (**photos n° 4, 5 et 6**).
Enfournement et cuisson : 60 min à 240°C.

Method

Basic temperature: 64°C.
Kneading: knead all the ingredients except the salt for 15 min at low speed. Add the salt after 2 min.
First proof: 60 min.
Weight: 800 g for the "tougnole".
Resting time: 10 min.
Shaping: roll out 1/3 of the dough with the rye flour (**photos n° 1, 2 and 3**).

Gers-style Tordu

Final proof: 60 min.
Shaping (**photos n° 4, 5 and 6**)
Baking time: 60 min at 240°C.

Baguette viennoise *Viennese Baguette*

Baguette viennoise

Viennese Baguette

Ingrédients
(photo n° 1)
1 000 g d'eau
1 750v g de farine de gruau type 45
40 g de sel
40 g de sucre
200 g de beurre
50 g de levure
2 œufs

Ingredients
(photo n° 1)
1,000 g water
1,750 g 45-grade white wheat flour
40 g salt
40 g sugar
200 g butter
50 g yeast
2 egg

1 ▲

2 ▲

3 ▲

Procédé

Température de base : 54°C
Pétrissage : incorporer tous les ingrédients dans la cuve du batteur. Pétrir pendant 10 min en première vitesse, puis 5 min en deuxième vitesse.
Pointage : 50 min.
Détente : 10 min.
Façonner les baguettes sur plaques (**photos n° 2 et 3**) et couper à la lame de rasoir (**photo n° 4**).
Apprêt : 50 min.
Enfournement et cuisson : 15 min à 220°C.

Method

Basic temperature: 54°C.
Kneading: incorporate all the ingredients in the kneading trough. Knead for 10 min at low speed, then 5 min at medium speed.
First proof: 50 min.
Resting time: 10 min.
Shaping: form baguette shapes on an oven sheet (**photos n° 2 and 3**) and score with a razor-sharp blade (**photo n° 4**).
Secondary proof: 50 min.
Baking time: 15 min at 220°C.

4 ▲

Baguette sur poolish | *Baguette with a Sponge Starter*

Baguette sur poolish

Baguette with a Sponge Starter

1 ▲

1. Fabrication de la poolish

INGRÉDIENTS

3 750 g d'eau
3 750 g de farine
30 g de levure

1. Making the sponge starter

INGREDIENTS

3,750 g water
3,750 g flour
30 g yeast

2 ▲

3 ▲

PROCÉDÉ

Température de base : 66°C. Pétrissage : délayer la levure dans l'eau, puis ajouter la farine. Le pétrissage de la poolish peut se faire à la main. La poolish sera mise à fermenter pendant un minimum de 4 heures. Lorsque la poolish se creusera en son milieu, on pourra alors l'utiliser.

METHOD

Basic temperature: 66°C. Kneading: mix the yeast into the water, then add the flour. The sponge can be kneaded by hand and should be left to ferment for at least 4 hours. When the sponge becomes hollow in the centre, it is ready for use.

2. Fabrication de la pâte

INGRÉDIENTS

7 530 g de poolish
13 000 g de farine type 55
7 000 g d'eau
175 g de levure
385 g de sel

PROCÉDÉ

Mettre l'eau sur la poolish, puis verser celle-ci délicatement dans le pétrin (**photo n° 1**). Pétrir pendant 3 min en première vitesse, puis 10 min en deuxième vitesse. Ajouter le sel, et pétrir encore 5 min en deuxième vitesse.
Pointage : 1 h 30.
Pesée : 350 g.
Détente : 15 min.
Façonnage : sur toile (**photos n° 2 et 3**).
Apprêt : 1 h 30.
Enfournement et cuisson : 20 min à 250°C avec buée (**photo n° 4**).

2. Making the dough

INGREDIENTS

7,530 g sponge starter
13,000 g 55-grade flour
7,000 g water
175 g yeast
385 g salt

METHOD

Pour the water onto the sponge, then in turn pour this delicately into the kneader, (**photo n° 1**). Knead for 3 min at low speed, then 10 min at medium speed. Add the salt and knead for another 5 min at medium speed.
First proof: $1^1/2$ hours.
Weight: 350 g.
Resting time: 15 min.
Shaping: on a canvas cloth (**photos n° 2 and 3**).
Final proof: $1^1/2$ hours.
Baking time: 20 min at 250°C with steam (**photo n° 4**).

4 ▲

Pains de mie | *Sandwich Breads*

Pain de mie

Ingrédients

750 g de farine gruau type 45
750 g de farine ordinaire
45 g de sucre
40 g de levure
30 g de sel
30 g de poudre de lait
40 g de matières grasses (beurre)
900 g d'eau (environ)

Procédé

Température de base : 64°C.
Pétrissage : pétrir l'eau, la levure, la farine, la poudre de lait, puis ajouter le sucre, le beurre et le sel au bout de 2 min (**photo n° 1**). Pétrir pendant 15 min.
Pointage : 1 heure.
Pesée : 2 kg.
Détente : 10 min.
Façonnage : en moule.
Apprêt : 1 heure.
Enfournement et cuisson : 60 min à 180°C.

Sandwich Bread

Ingredients

750 g 45-grade white wheat flour
750 g ordinary flour
45 g sugar
40 g yeast
30 g salt
30 g milk powder
40 g fat (butter)
900 g water (approximately)

Method

Basic temperature: 64°C.
Kneading: knead the water, yeast, flour and milk powder, then add the sugar, butter and salt after 2 min, (**photo n° 1**). Knead for 15 min.
First proof: 1 hour.
Weight: 2 kg.
Resting time: 10 min.
Shaping: in a mould.
Final proof: 1 hour.
Baking time: 60 min at 180°C.

Pain de mie tomate

Ingrédients

750 g de farine gruau type 45
750 g de farine ordinaire
45 g de sucre
40 g de levure
30 g de sel
30 g de poudre de lait
40 g de matières grasses (beurre)
700 g d'eau (environ)
200 g de tomates

Procédé

Température de base : 64°C.
Pétrissage : pétrir l'eau et la levure. Broyer les tomates fraîches, les ajouter dans l'eau avec la farine. Au bout de 2 min, ajouter le sucre, le beurre et le sel (**photo n° 2**).
Pétrir pendant 15 min.
Pointage : 1 heure.
Pesée : 2 kg.
Détente : 10 min.
Façonnage : en moule.
Apprêt : 1 heure.
Enfournement et cuisson : 60 min à 180°C.

Tomato Sandwich Bread

Ingredients

750 g 45-grade white wheat flour
750 g ordinary flour
45 g sugar
40 g yeast
30 g salt
30 g milk powder
40 g fat (butter)
700 g water (approximately)
200 g tomatoes

Method

Basic temperature: 64°C.
Kneading: knead the water and yeast. Mash up the fresh tomatoes, add them to the water with the flour. After 2 min, add the sugar, butter and salt (**photo n° 2**). Knead for 15 min.
First proof: 1 hour.
Weight: 2 kg.
Resting time: 10 min.
Shaping: in a mould.
Final proof: 1 hour.
Baking time: 60 min at 180°C.

1 ▲

2 ▲

3 ▲

Pain de mie épinards

Ingrédients

750 g de farine gruau type 45
750 g de farine ordinaire
45 g de sucre
40 g de levure
30 g de sel
30 g de poudre de lait
40 g de matières grasses (beurre)
700 g d'eau (environ)
200 g de épinards

Procédé

Température de base : 64°C.
Pétrissage : pétrir l'eau et la levure. Broyer les épinards frais, les ajouter dans l'eau avec la farine. Au bout de 2 min, ajouter le sucre, le beurre et le sel (**photo n° 3**).
Pétrir pendant 15 min.
Pointage : 1 heure.
Pesée : 2 kg.
Détente : 10 min.
Façonnage : en moule.
Apprêt : 1 heure.
Enfournement et cuisson : 60 min à 180°C.

Spinach Sandwich Bread

Ingredients

750 g 45-grade wheat flour
750 g ordinary flour
45 g sugar
40 g yeast
30 g salt
30 g milk powder
40 g fat (butter)
700 g water (approximately)
200 g spinach

Method

Basic temperature: 64°C.
Kneading: knead the water and yeast. Mash up the fresh spinach, add to the water with the flour. After 2 min, add the sugar, butter and salt (**photo n° 3**). Knead for 15 min.
First proof: 1 hour.
Weight: 2 kg.
Resting time: 10 min.
Shaping: in a mould.
Final proof: 1 hour.
Baking time: 60 min at 180°C.

Pain brié | Brié bread

Pain brié

INGRÉDIENTS

1 500 g de pâte à pain ayant 4 h de pointage
1 000 g de farine type 55
400 à 450 g d'eau (suivant la qualité de la farine)
200 g de beurre
15 g de sel

PROCÉDÉ

Température de base : 66°C.
Pétrissage : fraser la pâte, la farine, le sel et l'eau (**photo n° 1**). Pétrir pendant 15 min en première vitesse, puis incorporer le beurre et pétrir 5 min pour lisser la pâte.
Pointage : 30 min.
Pesée : 400 g.
Détente : 10 min.
Façonnage : en bâtards.
Apprêt : 2 heures.
Enfournement : 4 coups de lame (**photo n° 2**).
Cuisson : 40 min à 240°C, avec buée.

Brié bread

INGREDIENTS

1,500 g bread dough which has been left to prove for 4 hours
1,000 g 55-grade flour
400 to 450 g water (depending on quality of flour)
200 g butter
15 g salt

METHOD

Basic temperature: 66°C.
Kneading: begin by kneading the dough, flour, salt and water for 15 min at low speed (**photo n° 1**), then incorporate the butter and knead for another 5 min to smooth out the dough.
First proof: 30 min.
Weight: 400 g.
Resting time: 10 min.
Shaping: in "bâtards".
Final proof: 2 hours.
Preparation for baking: make four knife cuts (**photo n° 2**).
Baking time: 40 min at 240°C, with steam.

1 ▲

2 ▲

Pain à l'huile
Oil Bread

Pain à l'huile | *Oil Bread*

1 ▲

Ingrédients

750 g de farine type 55
250 g de farine gruau
100 g de huile
30 g de sel
25 g de levure
500 g d'eau

Ingredients

750 g 55-grade flour
250 g white wheat flour
100 g oil
30 g salt
25 g yeast
500 g water

2 ▲

3 ▲

4 ▲

Procédé

Température de base : 56°C.
Pétrissage : pétrir tous les ingrédients sauf l'huile : l'ajouter dans les 5 dernières minutes. Pétrir pendant 15 min.
Pointage : 50 min.
Pesée : 400 g.
Détente : 10 min.
Façonnage : sur plaque avec graines de sésames (**photos n° 1, 2, 3, 4, 5**).
Apprêt : 1 heure.
Enfournement et cuisson : 35 min à 240°C.

Method

Basic temperature: 56°C.
Kneading: knead all the ingredients except the oil: add this during the final 5 minutes. Knead for 15 min.
First proof: 50 min.
Weight: 400 g.
Resting time: 10 min.
Shaping: on an oven sheet with sesame seeds (**photos n° 1, 2, 3, 4 and 5**)
Final proof: 1 hour.
Baking time: 35 min at 240°C.

5 ▲

Pain au fromage | Cheese Bread

Pain au fromage

Ingrédients

1 000 g de farine force gruau
20 g de sucre
100 g de lait
1 œuf entier
30 g de beurre
550 g d'eau
16 g de sel
25 g de levure
100 g de parmesan

Procédé

Température de base : 56°C.
Pétrissage : pétrir tous les ingrédients sauf le parmesan pendant 4 min en première vitesse, puis pendant 8 min en deuxième vitesse. Ajouter le fromage en fin de pétrissage.
Pointage : 1 h 40.
Pesée : 300 g.
Détente : 10 min.
Façonnage : sur plaque.
Apprêt : 1 heure.
Enfournement : ajouter du fromage sur les pains.
Cuisson : 35 min à 220°C.

Cheese Bread

Ingredients

1,000 g strong white wheat flour
20 g sugar
100 g milk
1 whole egg
30 g butter
550 g water
16 g salt
25 g yeast
100 g Parmesan

Method

Basic temperature: 56°C.
Kneading: knead all the ingredients except the Parmesan for 4 min at low speed, then for another 8 min at medium speed. Add the cheese at the end of kneading.
First proof: 1 hour 40 min.
Weight: 300 g.
Resting time: 10 min.
Shaping: on an oven sheet.
Final proof: 1 hour.
Before placing in the oven, sprinkle the loaves with cheese.
Baking time: 35 min at 220°C.

Pain de seigle rustique | *Rustic Rye Bread*

Pain de seigle rustique

Rustic Rye Bread

1 ▲

INGRÉDIENTS

1 000 g d'eau
1 150 g de farine type 55
25 g de levure
35 g de sel
600 g de levain
400 g de seigle
300 g de raisins blonds
600 g de noix
300 g de raisins de Corinthe

INGREDIENTS

1,000 g water
1,150 g 55-grade flour
25 g yeast
35 g salt
600 g starter
400 g rye
300 g sultanas
600 g walnuts
300 g raisins

2 ▲

3 ▲

4 ▲

PROCÉDÉ

Température de base : 64°C.
Pétrissage : pétrir tous les ingrédients sauf le sel.
Pétrissage : 15 min en première vitesse. Ajouter le sel au bout de 2 min (**photo n° 1**), puis les noix et les raisins dans les dernières minutes du pétrissage (**photos n° 2 et 3**).
Pointage : 60 min (**photo n° 4**)
Pesée : 600 g.
Détente : 10 min.
Façonnage : en long (**photo n° 5**).
Apprêt : 1 heure.
Enfournement et cuisson : 50 min à 240°C.

METHOD

Basic temperature: 64°C.
Kneading: knead all the ingredients except the salt. Knead for 15 min at low speed. Add the salt after 2 min (**photo n° 1**), followed by the walnuts and raisins during the last few minutes of kneading (**photos n° 2 and 3**).
First proof: 60 min (**photo n° 4**).
Weight: 600 g.
Resting time: 10 min.
Shaping: long loaf (**photo n° 5**).
Final proof: 1 hour.
Baking time: 50 min at 240°C.

5 ▲

Pain anglais

Ingrédients

1 000 g de farine de gruau
36 g de sucre
22 g de sel
20 g de levure
140 g de lait
1 œuf entier
50 g de beurre
500 g d'eau

Procédé

Mélanger tous les ingrédients sauf le beurre (**photos n° 1 et 2**). Faire absorber tout le liquide, donner du corps. Incorporer le beurre, ocnsistance normale, pétrir 15 min en première vitesse. Débarrasser. le pétrin. Pause de 1 h 40.
Rabattre. Nouvelle pause de 15 min.
Détailler et mettre en forme (**photo n° 3**), repos 10 min à couvert.
Façonnage en moule de 400 g ou 2 boules de 185 g. Mettre à l'étuve ou en chambre de pousse (1 h 10).
Cuisson : 190 à 200°C.

English-style Bread

Ingredients

1,000 g fine white wheat flour
36 g sugar
22 g salt
20 g yeast
140 g milk
1 whole egg
50 g butter
500 g water

Method

Mix together all the ingredients except the butter (**photos n° 1 and 2**). Make sure that all the liquid is absorbed and work the dough to add body. Incorporate the butter, normal consistency, and knead for 15 min at low speed. Remove from kneader. Leave to stand for 1 hour 40 min.
Beat again. Leave to stand for another 15 min.
Cut up the dough and shape it (**photo n° 3**). Leave to rest for 10 min, covered.
Shape in a 400 g mould or in 2 x 185 g round loaves. Place in a drying oven or a rising chamber for 1 hour 10 min.
Baking time: 190 min at 200°C.

1 ▲

2 ▲

3 ▲

Pain de méteil

INGRÉDIENTS

2 000 g de farine de méteil
3 200 g de pâte fermentée
1 400 g d'eau
40 g de levure
40 g de sel

PROCÉDÉ

Température de base : 64°C.
Pétrissage : pétrir tous les ingrédients pendant 4 min en première vitesse, sauf la pâte fermentée et le sel. Ajouter pâte fermentée et sel. Pétrir pendant 8 min en deuxième vitesse.
Pointage : 45 min.
Pesée : 3 boules de 175 g.
Détente : 10 min.
Façonnage : bannetons en osier farinés (**photos n° 1 et 2**).
Apprêt : 1 heure.
Enfournement et cuisson : 45 min à 240°C.

Mixed-grain Bread

INGREDIENTS

2,000 g mixed-grain flour
3,200 g fermented dough
1,400 g water
40 g yeast
40 g salt

METHOD

Basic temperature: 64°C.
Kneading: knead all the ingredients except the fermented dough and the salt for 4 min at low speed. Add the fermented dough and salt. Knead for 8 min at medium speed.
First proof: 45 min.
Weight: 3 x 175 g balls.
Resting time: 10 min.
Shaping: in dusted wicker bread baskets (**photos n° 1 and 2**).
Final proof: 1 hour.
Baking time: 45 min at 240°C.

1 ▲

2 ▲

Pain aux noix raisins | *Walnut and Raisin Bread*

Pain aux noix et raisins

Ingrédients

70 g d'améliorant
1 000 g d'eau
1 050 g de farine type 55
65 g de levure
45 g de sel
170 g de pâte fermentée
375 g de seigle
25 g de sucre
105 g de poudre de lait

Procédé

Température de base : 54°C.
Pétrissage : pétrir tous les ingrédients sauf le beurre, les noix et les raisins. 5 min en première vitesse, puis ajouter le beurre. Pétrir 13 min en deuxième vitesse, puis ajouter les noix et les raisins en dernière minute.
Pointage : 1 h 15.
Pesée : 400 g.
Détente : 10 min.
Façonnage : en moule.
Apprêt : 1 heure.
Enfournement et cuisson : 35 min à 180°C.

Walnut and Raisin Bread

Ingredients

70 g improver
1,000 g water
1,050 g 55-grade flour
65 g yeast
45 g salt
170 g fermented dough
375 g rye
25 g sugar
105 g milk powder

Method

Basic temperature: 54 °C.
Kneading: knead all the ingredients except the butter, walnuts and raisins. Knead for 5 min at low speed, then add the butter. Knead for 13 min at medium speed, then add the walnuts and raisins at the last minute.
First proof: 1 hour 15 min.
Weight: 400 g.
Resting time: 10 min.
Shaping: in a mould.
Final proof: 1 hour.
Baking time: 35 min at 180°C.

fromage

Pain au citron | *Lemon Bread*

Pain au citron

INGRÉDIENTS

900 g d'eau
1 700 g de farine type 55
25 g de levure
35 g de sel
200 g de pâte fermentée
1 zeste haché
100 g de jus de citron

Lemon Bread

INGREDIENTS

900 g water
1,700 g 55-grade flour
25 g yeast
35 g salt
200 g fermented dough
1 chopped lemon rind
100 g lemon juice

1 ▲

PROCÉDÉ

Température de base : 54°C.
Pétrissage : Pétrir 3 min en première vitesse, puis 13 min en deuxième vitesse (**photo n° 1**), tous les ingrédients sauf le sel que l'on ajoutera au bout de 3 min.
Pointage : 60 min.
Pesée : 50 g.
Détente : 10 min.
Façonnage : en long.
Apprêt : 1 heure.
Enfournement : ajouter un zeste de citron.
Cuisson : 13 min à 240°C.

METHOD

Basic temperature: 54°C.
Knead all the ingredients except the salt, which should be added after 3 min. Knead for 3 min at low speed, then 13 min at medium speed (**photo n° 1**).
First proof: 60 min.
Weight: 50 g.
Resting time: 10 min.
Shaping: long loaf.
Final proof: 1 hour.
Before placing in the oven, add the chopped lemon rind.
Baking time: 13 min at 240°C.

fruits de mer
poisson

Pain à la menthe | Mint Bread

Pain à la menthe

Ingrédients

7 g d'infusion de menthe (10 min)
500 g d'eau
850 g de farine type 55
15 g de levure
17 g de sel
200 g de pâte fermentée
4 g de menthe fraîche

Procédé

Température de base : 54°C.
Pétrissage : pétrir avec l'infusion de menthe tous les ingrédients sauf le sel, que l'on ajoutera au bout de 3 min.
Pétrissage : 3 min en première vitesse, puis 13 min en deuxième vitesse.
Pointage : 60 min.
Pesée : 50 g.
Détente : 10 min.
Façonnage : en long.
Apprêt : 1 heure.
Enfournement : mettre une petite feuille de menthe sur le dessus du pain.
Cuisson : 13 min à 240°C.

Mint Bread

Ingredients

7 g mint infusion (left for 10 min)
500 g water
850 g 55-grade flour
15 g yeast
17 g salt
200 g fermented dough
4 g fresh mint

Method

Basic temperature: 54°C.
Kneading: knead all the ingredients with the mint infusion, except the salt, which should be added after 3 min. Knead for 3 min at low speed, then 13 min at medium speed.
First proof: 60 min.
Weight: 50 g.
Resting time: 10 min.
Shaping: long loaf.
Final proof: 1 hour.
Preparation for baking: place a small mint leaf on top of the bread.
Baking time: 13 min at 240°C.

salade

Pain à l'ail | *Garlic Bread*

Pain à l'ail

INGRÉDIENTS

1 000 g d'eau
1 700 g de farine type 55
30 g de levure
35 g de sel
600 g de pâte fermentée
40 g d'ail

PROCÉDÉ

Température de base : 54°C.
Pétrissage : pétrir, 3 min en première vitesse, puis 13 min en deuxième vitesse, tous les ingrédients sauf le sel que l'on ajoutera au bout de 3 min.
Pointage : 60 min.
Pesée : 50 g.
Détente : 10 min.
Façonnage : en long.
Apprêt : 1 heure.
Enfournement et cuisson : 13 min à 240°C.

Garlic Bread

INGREDIENTS

1,000 g water
1,700 g 55-grade flour
30 g yeast
35 g salt
600 g fermented dough
40 g garlic

METHOD

Basic temperature: 54°C.
Kneading: knead all the ingredients together except the salt, which should be added after 3 min. Knead for 3 min at low speed, then for 13 min at medium speed.
First proof: 60 min.
Weight: 50 g.
Resting time: 10 min.
Shaping: long loaf.
Final proof: 1 hour.
Baking time: 13 min at 240°C.

soupe de poisson

Pain aux châtaignes | *Chestnut Bread*

Pain aux châtaignes

INGRÉDIENTS

1 000 g d'eau
1 200 g de farine type 55
30 g de levure
35 g de sel
700 g de pâte fermentée
325 g de farine de châtaigne

PROCÉDÉ

Température de base : 64°C.
Pétrissage : pétrir, 15 min en première vitesse, tous les ingrédients sauf le sel, que l'on ajoutera au bout de 2 min.
Pointage : 50 min.
Pesée : petites boules de 50 g.
Détente : 5 min.
Façonnage : en boule légèrement farinée.
Apprêt : 50 min.
Enfourner les boules coupées aux ciseaux légèrement farinés.
Cuisson : 15 min à 240°C.

Chestnut Bread

INGREDIENTS

1,000 g water
1,200 g 55-grade flour
30 g yeast
35 g salt
700 g fermented dough
325 g chestnut flour

METHOD

Basic temperature: 64°C.
Kneading: knead all the ingredients together except the salt, which should be added after 2 min. Knead for 15 min at low speed.
First proof: 50 min.
Weight: small 50 g balls.
Resting time: 5 min.
Shaping: in a lightly dusted ball.
Final proof: 50 min.
Preparation for baking: score the balls using lightly dusted scissors.
Baking time: 15 min at 240°C.

avec gibier, boudin blanc

Petits pains | Bread Rolls

Petits pains | Bread Rolls

Petits pains | *Bread Rolls*

Ingrédients

1 000 g d'eau
1 250 g de farine type 55
60 g de levure
40 g de sel
120 g de sucre
600 g de gruau
100 g de poudre de lait
30 g de malt

Ingredients

1,000 g water
1,250 g 55-grade flour
60 g yeast
40 g salt
120 g sugar
600 g white wheat flour
100 g milk powder
30 g malt

1 ▲

2 ▲

3 ▲

Procédé

Température de base : 60°C.
Pétrissage : mélanger tous les ingrédients sauf le sel et le beurre.
Pétrissage : 5 min en première vitesse. Ajouter le sel et le beurre, puis pétrir 10 min en deuxième vitesse.
Pointage : 30 min.
Pesée : 50 g (**photo n° 1**).
Détente : 10 min.
Façonnage : en boule ou en long (**photos n° 2, 3**).
Apprêt : 60 min.
Enfournement et cuisson : 14 min à 180°C.

Method

Basic temperature: 60°C.
Kneading: mix together all the ingredients except the salt and butter. Knead for 5 min at low speed. Add the salt and butter, then knead for 10 min at medium speed.
First proof: 30 min.
Weight: 50 g (**photo n° 1**).
Resting time: 10 min.
Shaping: in a ball or long loaf (**photos n° 2 and 3**).
Final proof: 60 min.
Baking time: 14 min at 180°C.

Pain aux pruneaux et noisettes | *Prune and Hazelnut Bread*

Pain aux pruneaux et noisettes

Prune and Hazelnut Bread

Ingrédients

650 g d'eau
500 g de farine type 55
25 g de levure
20 g de sel
350 g de pâte fermentée
50 g de beurre
500 g de farine complète
150 g de noisettes
150 g de pruneaux

Ingredients

650 g water
500 g 55-grade flour
25 g yeast
20 g salt
350 g fermented dough
50 g butter
500 g wholewheat flour
150 g hazelnuts
150 g prunes

1 ▲

Procédé

Température de base : 58°C.
Pétrissage : mélanger tous les ingrédients sauf le sel, que l'on ajoutera au bout de 4 min (**photo n° 1**).
Pétrissage : 4 min en première vitesse, puis 10 min en deuxième vitesse. Ajouter les pruneaux et les noisettes.
Pointage : 60 min.
Pesée : 600 g.
Détente : 10 min.
Façonnage : en long.
Apprêt : 60 min.
Enfournement et cuisson : 40 min à 240°C.

Method

Basic temperature: 58°C.
Kneading: mix together all the ingredients except the salt, which should be added after 4 min (**photo n° 1**). Knead for 4 min at low speed, then for 10 min at medium speed. Add the prunes and hazelnuts.
First proof: 60 min.
Weight: 600 g.
Resting time: 10 min.
Shaping: long loaf.
Final proof: 60 min.
Baking time: 40 min at 240°C.

gibier

Baguettes restaurant | Restaurant Baguettes

Baguettes restaurant

Restaurant Baguettes

Ingrédients

3 500 g de farine
100 g de semoule de blé dur
2 150 g d'eau
900 g de pâte fermentée
85 g de sel
25 g de levure

Ingredients

3,500 g flour
100 g hard wheat semolina
2,150 g water
900 g fermented dough
85 g salt
25 g yeast

1 ▲

2 ▲

3 ▲

4 ▲

Procédé

Température de base : 58°C.
Pétrir 7 min en première vitesse l'eau, la farine et la semoule de blé dur. Faire une autolyse pendant 15 min. Ajouter la levure et la pâte fermentée.
Pétrissage : 10 min en deuxième vitesse. Ajouter le sel dans les 5 dernières minutes.
Pointage : 1 h 30.
Pesée : 50 g (**photo n° 1**).
Façonnage : en longueur de 15 cm légèrement farinée (**photos n° 2, 3, 4 et 5**).
Apprêt : 1 h 30.
Enfournement et cuisson : 10 min à 260°C.

Method

Basic temperature: 58°C.
Kneading: knead the water, flour and wheat semolina for 7 min at low speed. Leave for 15 min. Add the yeast and the fermented dough. Knead for 10 min at medium speed. Add the salt during the final 5 min of kneading.
First proof: 1 hour 30 min.
Weight: 50 g (**photo n° 1**).
Shaping: 15 cm-long sticks, lightly dusted (**photos n° 2, 3, 4 and 5**)
Final proof: 1 hour 30 min.
Baking time: 10 min at 260°C.

5 ▲

tous repas

Pain au lard | *Bacon Bread*

Pain au lard

Ingrédients

1 000 g d'eau
1 150 g de farine type 55
400 g de seigle
700 g de levain de campagne
35 g de levure

Procédé

Température de base : 64°C.
Pétrissage : mettre le levain dans l'eau avec la levure. Ajouter la farine puis le sel au bout de 2 min.
Pétrir pendant 15 min en première vitesse. Incorporer, à la fin, 30 % de lard.
Pointage : 60 min.
Pesée : 400 g.
Détente : 10 min.
Façonnage : en long.
Apprêt : 60 min.
Enfournement et cuisson : 45 min à 230°C, chaleur tombante.

Bacon Bread

Ingredients

1,000 g water
1,150 g 55-grade flour
400 g rye
700 g country bread starter
35 g yeast

Method

Basic temperature: 64°C.
Kneading: place the starter in the water with the yeast. Add the flour then the salt after 2 min. Knead for 15 min at low speed. At the end, incorporate 30 % bacon.
First proof: 60 min.
Weight: 400 g.
Resting time: 10 min.
Shaping: long loaf.
Final proof: 60 min.
Baking time: 45 min at 230°C, allowing the heat to drop.

Pain aux oignons | *Onion Bread*

Pain aux oignons | *Onion Bread*

INGRÉDIENTS
1 000 g d'eau
1 150 g de farine type 55
400 g de seigle
700 g de levain de campagne
35 g de levure
35 g de sel

INGREDIENTS
1,000 g water
1,150 g 55-grade flour
400 g rye
700 g country bread starter
35 g yeast
35 g salt

1 ▲

2 ▲

3 ▲

PROCÉDÉ
Température de base : 64°C.
Pétrissage : mettre le levain dans l'eau avec la levure, la farine et le sel au bout de 2 min.
Pétrissage : 15 min en première vitesse. Incorporer 5 % d'oignons déshydratés frits à la fin.
Pointage : 60 min.
Pesée : 400 g.
Détente : 10 min.
Façonnage : en long (**photos n° 1, 2**).
Apprêt : 60 min.
Enfournement et cuisson : 45 min à 230°C, chaleur tombante (**photo n° 3**).

METHOD
Basic temperature: 64°C.
Kneading: place the starter in the water with the yeast and flour, then add the salt after 2 min. Knead for 15 min. at low speed. Incorporate 5 % fried dried onions at the end.
First proof: 60 min.
Weight: 400 g.
Resting time: 10 min.
Shaping: long loaf (**photos n° 1 and 2**).
Final proof: 60 min.
Baking time: 45 min at 230°C, allowing the heat to drop (**photo n° 3**).

Pain aux olives | *Olive Bread*

Pain aux olives

INGRÉDIENTS

1 000 g d'eau
1 150 g de farine type 55
400 g de seigle
700 g de levain de campagne
35 g de levure
35 g de sel

PROCÉDÉ

Température de base : 64°C.
Pétrissage : mettre le levain dans l'eau avec la levure, la farine et le sel au bout de 2 min.
Pétrissage : 15 min en première vitesse. Incorporer 20 % d'olives à la fin.
Pointage : 60 min.
Pesée : 400 g.
Détente : 10 min.
Façonnage : en long.
Apprêt : 60 min.
Enfournement et cuisson : 45 min à 230°C, chaleur tombante.

Olive Bread

INGREDIENTS

1,000 g water
1,150 g 55-grade flour
400 g rye
700 g country bread starter
35 g yeast
35 g salt

METHOD

Basic temperature: 64°C
Kneading: place the starter in the water with the yeast and flour, then add the salt after 2 min. Knead for 15 min at low speed. Incorporate 20 % olives at the end.
First proof: 60 min.
Weight: 400 g.
Resting time: 10 min.
Shaping: long loaf.
Final proof: 60 min.
Baking time: 45 min at 230°C, allowing the heat to drop.

avec roquefort

La Bacchanale | *Bacchanalia*

La richesse | *Opulence*

Pâte décor

INGRÉDIENTS

1 000 g de farine type 55
10 g de sel
100 g de beurre
400 g d'eau

PROCÉDÉ

Pétrissage : 5 min en première vitesse. On peut faire les décors à l'avance, et les congeler pour les sortir à la demande.

Disposition des décors

Pour toutes les boules, faire une bande de 40 cm de long, grosseur 20 mm de diamètre. Coller la bande autour de la boule en coupant aux ciseaux en forme d'épis (**photos n° 1 et 2**).

Decorating Dough

INGREDIENTS

1,000 g 55-grade flour
10 g salt
100 g butter
400 g water

METHOD

Kneading: 5 min at low speed. Decorations can be prepared in advance and then frozen so that they can be used when required.

Arranging decorations

For round loaves, make a band 40 cm long and 20 cm wide. Stick the band around the edge of the loaf, then trim with scissors to make "ear of wheat" shapes (**photos n° 1 and 2**).

1 ▲

2 ▲

3 ▲

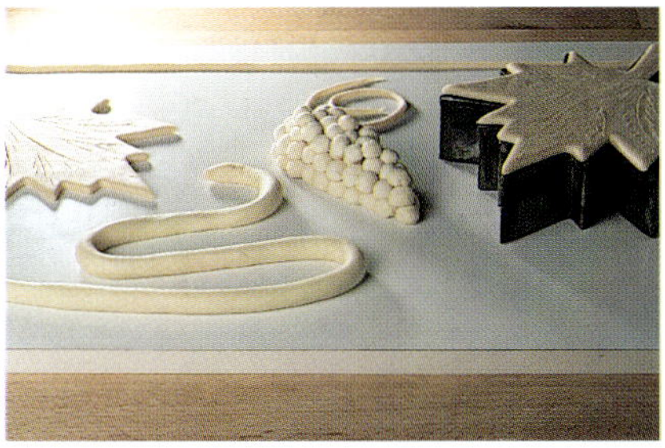

4 ▲

5 ▲

Boule grappe de raisins

Humidifier l'emplacement de la feuille et de la grappe, puis poser les décors (**photos n° 3, 4 et 5**).

Round loaf with bunch of grapes

Moisten the place where the leaf and bunch of grapes are to go, then arrange the decorations on top (**photos n° 3, 4 and 5**).

▶ ▶ ▶

La déclaration | Declaration

La bucolique | Pastoral

6 ▲

7 ▲

Boule rose
Entourer la boule d'une bande plate coupée aux ciseaux (**photo n° 6**). Prélever au centre un petit morceau de pâte (**photo n° 7**) pour disposer les roses (**photos n° 8, 9, 10, 11, 12, 13, 14**).

Round rose loaf
Wrap a flat band trimmed into shape with scissors around the loaf (**photo n° 6**). Remove a small piece of dough from the centre (**photo n° 7**) so that the roses can be arranged on top (**photos n° 8, 9, 10, 11, 12, 13 and 14**).

8 ▲

9 ▲

10 ▲

11 ▲

12 ▲

13 ▲

14 ▲

Pyramide de fruits en pain | *Fruit Pyramid Made of Bread*

Le renard et les raisins | *The Fox and the Grapes*

Boule épis
Entourer la boule d'une bande coupée aux ciseaux (**voir page 93, phtos n° 1 et 2**). Mettre un peu d'eau sous les épis, et non sous les tiges. Cela permet aux tiges de blé de se décoller de la boule (**photos n° 17, 18, 19**).

Fabrication d'un panier
Prendre un cul de poule beurré. Recouvrir d'un papier aluminium. Recouvrir de pâte, puis tresser le panier. Cuire à 230°C avec buée.

Round loaf with ears of wheat
Wrap a flat band trimmed into shape with scissors around the loaf (**see page 93 photos n° 1 and 2**). Place a little water under the ears of wheat but not under the stems. This will allow the stems of wheat to stick up from the loaf (**photos n° 17, 18 and 19**).

Making a basket
Take a deep, buttered basin. Cover with aluminium foil. Cover this in turn with dough, then plait the basketwork. Bake at 230°C with steam.

17 ▲

18 ▲

19 ▲

Viennoiserie
Viennese Breads and Pastries

Roulade pistache chocolat | *Pistachio and Chocolate Rolls*

Recettes *Recipes*

Pâte sablée aux amandes	Sablé Pastry
Cake à l'orange	Orange Cake
Gâteau aux noix	Walnut Gâteau
Madeleine au miel	Honey Madeleine
Plum-cake	Plum Cake
Pain d'épice au miel de sapin	Spice Bread with Fir-tree Honey
Croissants feuilletés - Pains au chocolat	Flaky Croissants - Chocolate Breakfast Rolls
Pâte levée	Yeast Dough
Petit Prince	Petit Prince
Pain aux bananes	Banana Bread
Brioche, masse à Streusel	Brioche, Streusel Dough
Brioche à l'orange	Orange Brioche
Gâteau week-end	Weekend Gâteau
Bombe aux amandes	Almond Bombe
Bostock	Bostock
Danish	Danish Pastry
Danish abricot	Apricot Danish Pastry
Danish pruneaux noisettes	Prune and Hazelnut Danish Pastry
Roulade pistache chocolat	Chocolate and Pistachio Roll
Dôme aux pommes	Apple Dome
Pain au riz abricot	Apricot Rice Bread
Cannelet	Cannelet
Financier framboise	Raspberry Financier

Recommandé pour déjeuners et dîners

Recommended for lunches and dinners

Recommandé pour les goûters

Recommended for afternoon teas

Recommandé pour les petits déjeuners

Recommended for breakfasts

Pâte sablée aux amandes

Almond Sablé Pastry

INGRÉDIENTS
(photo n° 1)
1 200 g de beurre
20 g de sel
500 g de sucre glace
500 g de tant-pour-tant blanc
20 g de vanille en poudre
400 g d'œufs
500 g de farine
1500 g de farine

INGREDIENTS
(photo n° 1)
1,200 g butter
20 g salt
500 g icing sugar
500 g equal mix icing sugar/ground almonds
20 g vanilla powder
400 g egg
500 g flour
1,500 g flour

1 ▲

2 ▲

3 ▲

PROCÉDÉ

Malaxer le beurre et le sel. Ajouter le sucre glace, le tant-pour-tant, la vanille, les œufs et les 500 g de farine. Incorporer la deuxième quantité de farine. Mélanger sans corser (**photos n° 2, 3**).
Poids total : 4 620 g
Exemples d'utilisation
avec bords de 2 cm :
* bombes amandes
* tartes sablées aux myrtilles, fraises, poires, citrons

METHOD

Knead the butter and salt. Add the icing sugar, sugar/almond mix, vanilla powder, eggs and the 500 g flour. Incorporate the 1,500 g flour. Mix without adding body (**photos n° 2, 3**).
Total weight: 4,620 g
Possible uses
with a 2 cm edge:
* almond bombes
* fruit tarts with blueberry, strawberry, pear, lemon

Cake à l'orange | *Orange Cake*

Cake à l'orange

Orange Cake

Ingrédients

300 g d'oranges confites
40 g de Cointreau
4 zestes d'orange
2 g de sel
300 g de beurre
300 g de sucre glace
340 g d'œufs
500 g de farine
20 g de poudre à lever

Ingredients

300 g candied oranges
40 g Cointreau
4 orange zests
2 g salt
300 g butter
300 g icing sugar
340 g egg
500 g flour
20 g baking powder

1 ▲

2 ▲

Procédé

Faire macérer les oranges confites au Cointreau. Mousser le beurre, le sel, le sucre glace et les œufs au robot-coupe (**photo n° 1**). Ajouter la farine et les oranges confites. Laisser reposer 4 heures au frigo.
Cuisson : 15 minutes à 170°C.
Moule à bouchon (**photo n° 2**).

Method

Macerate the candied oranges in Cointreau. Beat together the butter, salt, icing sugar and eggs in a mixer to a foamy consistency (**photo n° 1**). Add the flour and candied oranges.
Leave to stand for 4 hours in the refrigerator.
Bake at 170°C for 15 min.
Cork-shaped mould (**photo n° 2**).

Gâteau aux noix | *Walnut Cake*

Gâteau aux noix

Walnut Cake

Ingrédients

500 g de beurre
875 g de sucre glace
650 g d'œufs
875 g de farine
20 g de poudre à lever
225 g de lait
65 g de cacao en poudre
200 g de noix
zeste de citron

Ingredients

500 g butter
875 g icing sugar
650 g egg
875 g flour
20 g baking powder
225 g milk
65 g cocoa powder
200 g walnuts
lemon zest

1 ▲

2 ▲

3 ▲

4 ▲

Procédé

Monter le beurre en pommade et ajouter le sucre glace puis, introduire les œufs et la farine. Mélanger le lait, le cacao et le zeste (**photo n° 1**). Prélever 1/3 de la masse blanche (la première) et le mélanger avec la deuxième au cacao. Dresser à la poche par deux fois, alternativement une couche d'appareil blanc puis une couche d'appareil cacao parsemé de noix et terminer par une couche de « blanc ».
Cuisson : 160°C pendant 1 h 15.
2 moules à cake (**photos n° 2, 3, 4**).

Method

Whisk the softened butter and add the icing sugar then introduce the eggs and flour. Mix in the milk, cocoa and zest. (**photo n° 1**).Take 1/3 of the white dough (the first) and mix with the second dough (cocoa). Pipe out alternate layers of white mixture (to start with) followed by cocoa mixture sprinkled with walnuts.
Do this twice, then finish with a layer of "white".
Bake at 160°C for 1 1/4 hours.
2 cake moulds (**photos n° 2, 3, 4**).

Pain d'épice au miel de sapin | *Spice Bread with Fir-Tree Honey*

Pain d'épice au miel de sapin

INGRÉDIENTS

350 g de miel de sapin
125 g de farine de froment
125 g de farine de seigle
10 g de poudre à lever
2 œufs entiers
100 g de lait
40 g de sucre roux en poudre
1 g de cannelle en poudre
1 g de noix muscade râpée
1 g de poudre d'anis
1 clou de girofle en poudre
1 goutte extrait de réglisse

Spice Bread with Fir-Tree Honey

INGREDIENTS

350 g fir-tree honey
125 g wheat flour
125 g rye flour
10 g baking powder
2 whole eggs
100 g milk
40 g brown caster sugar
1 g powdered cinnamon
1 g grated nutmeg
1 g aniseed powder
1 powdered clove
1 drop liquorice extract

1 ▲

2 ▲

PROCÉDÉ

Pâte
Faire fondre le miel avec le sucre à 70°C. Mélanger les farines et la poudre à lever, faire une fontaine, casser les œufs au centre, ajouter le lait froid et les épices, verser le miel à 70°C et l'incorporer progressivement au fouet (**photos n° 1 et 2**). Finir de pétrir avec une spatule.

Moulage
Verser l'appareil dans des moules à cake beurrés ou chemisés de papier cuisson, les remplir jusqu'aux 3/4.

Cuisson
Cuire le pain d'épice au four à 180°C pendant 1 heure environ. Démouler dès la sortie du four et réserver sur grille.

À savoir
Pour donner plus de moelleux et d'arôme, envelopper le pain d'épice (froid) de papier film. Réserver au froid et consommer 24 heures après.

METHOD

Mixture
Melt the honey with the sugar at 70°C. Mix the flours and baking powder together, make a bay, break the eggs into the centre, add the cold milk and spices, then whisk in the honey gradually at 70°C (**photos n° 1 and 2**). Finish mixing with a spatula.

Mould
Pour the mixture into cake moulds which have been buttered or lined with cooking paper, filling them to 3/4 of the way up.

Baking
Bake the spice bread in a 180°C oven for at least one hour. Once out of the oven, remove from the mould and place on a wire rack.

N.B.
To make the spice-bread moister and more flavoursome, wrap it (once cooled) in foil. Keep in a cold place and eat 24 hours later.

Petit Prince | *Petit Prince*

Petit Prince

Petit Prince

INGRÉDIENTS

1 000 g de beurre fondu
750 g de sucre glace
50 g d'oranges confites broyées
900 g d'œufs
100 g de lait chaud
1 000 g de farine de gruau
400 g de tant-pour-tant blanc
20 g de poudre à lever
50 g de zeste d'orange haché

INGREDIENTS

1,000 g melted butter
750 g icing sugar
50 g ground candied oranges
900 g egg
100 g hot milk
1,000 g white wheat flour
400 g equal mix icing sugar/ground almonds
20 g baking powder
50 g chopped orange zest

1 ▲

2 ▲

Puncher le petit Prince à la sortie du four avec :
50 cl d'eau
50 cl de sirop à 1 260°C
50 cl de Grand Marnier

Soak the "Petit Prince" in punch once out of the oven:
50 cl water
50 cl syrup at 1,260°C
50 cl Grand Marnier

PROCÉDÉ

Faire fondre du beurre au bain-marie pour le mélange (25/30°C l'été et 30/35°C l'hiver). Prélever du beurre fondu pour le mélanger avec les oranges confites (**photo n° 1**). Mettre le restant de beurre fondu dans une cuve et, à la feuille, incorporer en première vitesse le sucre glace tamisé. Ajouter le tant-pour-tant blanc doucement. Mettre la moitié de la farine tamisée avec la poudre à lever. Ajouter les oranges confites broyées ramollies avec le beurre. Incorporer les œufs puis le lait chaud. Mélanger le reste de farine. Ajouter les zestes d'orange en dernier. Bien corner la cuve après chaque incorporation. Faire monter et descendre la cuve deux fois, pour un mélange correct (**photo n° 2**).
Puis mélanger le tout à la main.
Cuisson : 170°C pendant 35 min.

METHOD

Melt the butter in a bain-marie for use in the mixture (25/30°C in summer and 30/35°C in winter).
Take some of the melted butter to mix with the candied oranges (**photo n° 1**). Place the rest of the melted butter in a bowl and incorporate the sifted icing sugar at low speed using a flat beater. Delicately add the sugar/almond mix. Mix half of the sifted flour with the baking powder. Add the ground candied oranges, softened in the butter. Incorporate the eggs, then the hot milk. Mix in the rest of the flour. Add the orange zests last of all. Make sure the bowl is completely scraped out after each set of ingredients has been added. Raise and lower the bowl twice, to ensure thorough mixing (**photo n° 2**). Then mix by hand.
Baking: 170°C for 35 min.

Pain aux bananes | *Banana Bread*

Pain aux bananes

Banana Bread

INGRÉDIENTS

560 g de farine
280 g de beurre
440 g de sucre glace
4 œufs
120 g de noix de pécan
200 g de raisins secs
600 g de chair de bananes
20 g de poudre à lever
4 g de sel
4 g de muscade
zeste de citron

INGREDIENTS

560 g flour
280 g butter
440 g icing sugar
4 eggs
120 g pecan nuts
200 g raisins
600 g banana pulp
20 g baking powder
4 g salt
4 g nutmeg
lemon zest

1 ▲

PROCÉDÉ

Mélanger le beurre pommade, le sel et le sucre glace. Ajouter la farine, les chairs de bananes, les raisins, les noix de pécan, la muscade et le zeste de citron (**photo n° 1**). Moule à cake (**photo n° 2**). Cuisson à 170°C pendant 60 minutes. Finition : glaçage et noix de pécan.

METHOD

Mix together the softened butter, salt and icing sugar. Add the flour, banana pulp, raisins, pecan nuts, nutmeg and lemon zest (**photo n° 1**). Cake mould (**photo n° 2**). Bake at 170°C for 60 min. Finish: icing and pecan nuts.

2 ▲

Gâteau week-end | Weekend Gâteau

Gâteau week-end

Weekend Gâteau

INGRÉDIENTS
(photo n° 1)
500 g d'œufs
700 g de sucre semoule
1 pincée de sel
300 g de crème double
540 g de farine
10 g de poudre à lever
5 zestes de citron
200 g de beurre fondu et clarifié

INGREDIENTS
(photo n° 1)
500 g egg
700 g caster sugar
1 pinch salt
300 g double cream
540 g flour
10 g baking powder
5 lemon zests
200 g melted, clarified butter

1 ▲

PROCÉDÉ

Mélanger œufs, sucre semoule, sel et crème double. Ajouter farine, poudre à lever, zestes de citron et beurre clarifié. Cuire à 150°C au four ventilé, ou à 180°C au four traditionnel, pendant environ 50 minutes.
Glaçage à l'abricot et glace à l'eau citron.
Quantité : 4 moules à cake.

METHOD

Mix together the eggs, caster sugar, salt and double cream. Add the flour, baking powder, lemon zests and clarified butter. Bake at 150°C in a fan-oven, or at 180°C in a traditional oven, for around 50 min.
Glaze with apricot sauce and lemon water icing.
Quantity: 4 cake moulds.

Bombe aux amandes | *Almond Bombe*

Bombe aux amandes

Almond Bombe

Pâte citron

60 g de citrons non traités
60 g de sucre glace
30 g de fondant

Procédé

Laver les citrons et les couper en 4. Ôter les pépins et la mouche. Hacher fin au mixer avec le sucre glace et le fondant.

Lemon paste

60 g non-processed lemons
60 g icing sugar
30 g frosting

Method

Wash the lemons and cut them into 4. Remove the pips and the eye. Chop finely in the mixer with the icing sugar and frosting.

Glace à l'eau

1 000 g de fondant blanc
300 g de glucose
300 g de sirop à 30°C

Procédé

Chauffer au bain-marie à 35°C le fondant, le glucose et le sirop. Conserver à l'abri de l'air.

Water icing

1,000 white frosting
300 g glucose
300 g syrup at 30°C

Method

Heat the frosting, glucose and syrup together in a bain-marie at 35°C. Keep in an airtight container.

1 ▲

2 ▲

Bombe amandes

1 000 g de tant-pour-tant amandes
175 g de fécule
450 g d'œufs
175 g de beurre bouillant et décanté
100 g de pâte citron

Procédé

Mélanger à la spatule le tant-pour-tant, la fécule et les œufs (3/4 au début, 1/4 à la fin), puis le beurre et la pâte citron. Chemiser les moules en pâte sablée et déposer la framboise pépins. Garnir les moules individuels à 55 g. Croûter à 250°C et inciser la croûte afin que la bombe se développe. Finir de cuire à 180°C - 200°C. Glaçage à l'abricot et glace à l'eau citron.

Almond Bombe

1,000 g equal mix sugar/ground almonds
175 g starch
450 g egg
175 g boiling, clarified butter
100 g lemon paste

Method

Mix the almond/sugar mix with the starch and eggs (3/4 at the start, 1/4 at the end), then add the butter and lemon paste. Line the moulds with sablé pastry and spread some raspberry seed jam on top. Fill each individual mould with 55 g of mixture. Bake to a crust at 250°C and cut the crust open so that the bombe can develop. Finish baking at 180°C - 200°C. Glaze with apricot sauce and lemon water icing.

3 ▲

Bostock

Sirop d'amandes

500 g de sucre
300 g d'eau
50 g d'amandes douces
5 g d'amandes amères
50 g d'eau
125 g de sucre glace
20 gouttes de fleur d'oranger

Procédé

Cuire sucre et eau. Monder les amandes, puis les mixer avec 50 g d'eau et le sucre glace. Ajouter le sirop bouillant sur les amandes. Remettre sur le feu en maintenant à 80°C pendant 20 minutes. Ajouter l'eau de fleur d'oranger. Stocker à 6°C. Poids du sirop : 1 025 g.

Crème d'amandes

800 g de beurre
1 600 g de tant-pour-tant blanc
20 g de poudre à crème
480 g d'œufs
160 g de rhum

Procédé

Malaxer beurre, tant-pour-tant et poudre à crème. Ajouter, à la feuille, les œufs et, progressivement, le rhum. Ajouter au moment de l'utilisation 50 % de crème pâtissière.

Bostock

Almond syrup

500 g sugar
300 g water
50 g sweet almonds
5 g bitter almonds
50 g water
125 g icing sugar
20 drops of orange-flower water

Method

Cook the sugar and 300 g water together. Blanch the almonds, then mix them with the 50 g water and the icing sugar. Pour the boiling syrup onto the almonds. Boil again and keep at 80°C for 20 min. Add the orange-flower water and store at 6°C. Weight of syrup: 1,025 g.

Almond cream

800 g butter
1,600 g equal mix icing sugar/ground almonds
20 g cream powder
480 g egg
160 g rum

Method

Knead the butter with the sugar/almond mix and cream powder. Add egg the using a flat beater followed, little by little by the rum. Add 50 % cream filling when ready for use.

Bostock

(photo n° 1)
Couper des tranches de brioche mousseline de 1,5 cm d'épaisseur. Les tremper dans le sirop d'amande (**photos n° 2 et 3**). Garnir de crème d'amandes mélangée (**photo n° 4**). Décor : amandes effilées - sucre glace (**photo n° 5**) Passer à four moyen, puis sortir une fois la couleur désirée obtenue.

1 ▲

Bostock

(photo n° 1)
Cut some mousseline brioche into slices 1.5 cm thick. Soak these in almond syrup (**photos n° 2 and 3**). Garnish with almond cream (**photo n° 4**). Decoration: slivered almonds - icing sugar (**photo n° 5**). Place in a medium oven and remove once the desired colour has been reached.

2 ▲

3 ▲

4 ▲

5 ▲

Danish

INGRÉDIENTS

600 g de lait froid
75 g de levure
1 650 g de farine (1/2 gruau, 1/2 ordinaire)
300 g d'œufs
150 g de beurre fondu froid
20 g de sel
100 g de sucre
1 000 g de beurre ramolli à la main

PROCÉDÉ

Délayer à part lait froid et levure. Ajouter farines, œufs, beurre fondu, sel, sucre. Pétrir sans corser. Mettre au froid 60 minutes. Étendre la pâte en rectangle de 40/60, épaisseur 6 au laminoir. Beurrer les 2/3 de la surface avec le beurre ramolli. Plier en 3 (tour simple). Redonner immédiatement un deuxième tour simple. Mettre au frigo à 4°C environ une heure. Redonner 2 tours simples. Étendre au laminoir. Façonner la pâte (**photos n° 1 et 2**). Faire lever à température 28°C pendant 1 h-1 h 30.
Poids de la pâte : 4 080 g.
Moule : diamètre 8 cm, hauteur 2 cm.

Danish Pastry

INGREDIENTS

600 g cold milk
75 g yeast
1,650 g flour (1/2 white wheat, 1/2 ordinary)
300 g egg
150 g cold melted butter
20 g salt
100 g sugar
1,000 g butter softened by hand

METHOD

Mix the cold milk and yeast separately. Add the flour, eggs, melted butter, salt and sugar. Knead without adding body. Place in the refrigerator for 60 min. Roll the dough out to form a 40 x 60 mm rectangle, 6 mm thick. Place the softened butter over 2/3 of the surface. Fold in three (single layer). Make another layer straight away. Place in the refrigerator at 4°C for around one hour. Make another 2 single layers. Spread out using a roller. Shape the dough (**photos n° 1 and 2**). Leave to rise for 1 to $1^1/2$ hours at 28°C.
Weight of the dough: 4,080 g.
Mould: 8 cm in diameter, 2 cm in height.

1 ▲

2 ▲

Pâte levée

FAÇONNAGE TORTILLONS

Abaisse au laminoir Rondo 3
Rectangle 6/12 - Dorer.
Parsemer de sucre grains.
Couper au centre - entrelacer.

Yeast Dough

SHAPING TORTILLONS

Roll out a dough sheet to 3 mm thick. 6 x 12 cm rectangle - Glaze. Sprinkle with granulated sugar. Cut in the centre - intertwine.

FAÇONNAGE COUQUES DANOISES

Même abaisse.
2 bandes de 10 cm.
Détailler 6 pièces par bandes.
Rouler en diagonales 2 pointes couchées sur la plaque.

SHAPING DANISH SHELLS

Same size dough sheet.
2 strips, 10 cm long. Cut out 6 pieces per strip. Roll out diagonally with 2 corners on the oven sheet.

FAÇONNAGE MOULINS À VENT

Même abaisse - carrés de 9/9.
Dorer sur les côtés.
Dresser un point de crème noisettes ou d'amandes au centre à la poche (douille lisse n° 10).
Replier les 4 coins vers le centre.

SHAPING WINDMILLS

Same size dough sheet - 9 x 9 cm squares. Glaze the sides. Place a knob of hazelnut or almond cream in the centre using a piping bag (plain n° 10 nozzle). Fold the 4 corners into the centre.

FAÇONNAGE « BOLLUS »

À faire éventuellement avec des chutes en mélangeant des raisins macérés au rhum.
Poids de la pièce : 40 g environ.
Mouler dans des petits moules à brioche individuels.
Beurrer et sucrer (cassonade).

SHAPING "BOLUS"

This can be made from scrap dough, mixed with raisins macerated in rum. Weight of the piece: around 40 g. Mould in small, individual brioche moulds. Butter and sprinkle brown sugar on top.

Danish abricot

INGRÉDIENTS

250 g de crème pâtissière
250 g d'abricots

PROCÉDÉ

Abaisser au laminoir à 2 (**photo n° 1**). Détailler des fonds de 10 cm de diamètre. Foncer dans des moules de 8 cm de diamètre, hauteur 2 cm. Garnir avec la crème pâtisssière et des abricots (**photo n° 2**). Mélanger le tout. Garnir et laisser fermenter à 28°C pendant 45 minutes (**photos n° 3 et 4**). Cuisson : 180°C pendant 14 minutes.

Apricot Danish Pastry

INGREDIENTS

250 g cream filling
250 g apricots

METHOD

Roll out to 2 mm thick (**photo n° 1**). Cut out bases 10 cm in diameter. Place in the bottom of moulds 8 cm in diameter and 2 cm in height. Fill with the cream filling and the apricots (**photo n° 2**). Mix all the ingredients together. Garnish and leave to ferment at 28°C for 45 min (**photos n° 3 and 4**). Bake at 180°C for 14 min.

1 ▲

2 ▲

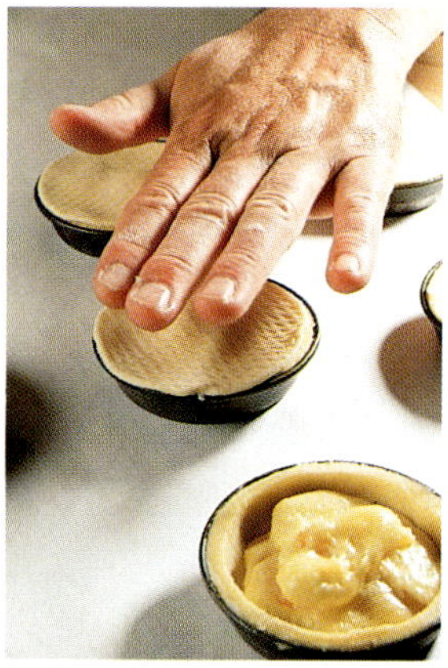

3 ▲

4 ▲

Danish pruneaux noisettes

INGRÉDIENTS

(**photo n° 1**)
300 g de crème de pruneaux
50 g de noisettes

PROCÉDÉ

Abaisser au laminoir à 2. Détailler des fonds de 10 cm de diamètre. Foncer dans des moules de 8 cm de diamètre , hauteur 2 cm. Garnir avec la crème de pruneaux et les noisettes (**photos n° 2 et 3**). Mélanger le tout. Garnir et laisser fermenter à 28°C pendant 45 minutes (**photos n° 4, 5, 6 et 7**). Cuisson : 180°C pendant 14 minutes.

1 ▲

Prune and Hazelnut Danish Pastry

INGREDIENTS

(**photo n° 1**)
300 g prune cream
50 g hazelnuts

METHOD

Roll out to 2 mm thick. Cut out bases 10 cm in diameter. Place in the bottom of moulds 8 cm in diameter and 2 cm high. Fill with the prune cream and hazelnuts (**photos n° 2 and 3**). Mix all the ingredients together. Garnish and leave to ferment at 28°C for 45 min (**photos n° 4, 5, 6 and 7**). Bake at 180°C for 14 min.

2 ▲

3 ▲

4 ▲

5 ▲

6 ▲

7 ▲

Roulade pistaches chocolat | *Pistachio and Chocolate Roll*

Roulade pistache chocolat

INGRÉDIENTS
500 g crème pâtissière
50 g pâte de pistache

PROCÉDÉ
Abaisser au laminoir à 2. Largeur : 43 cm, longueur : 50 cm. Mélanger la crème pâtissière et la pâte de pistache. Étaler sur la pâte avec des pépites de chocolat (**photos n° 1 et 2**). Rouler comme un pain aux raisins. Couper 2 cm de large, poids : 60 g (**photos n° 3 et 4**). Placer l'extrémité de la languette en dessous pour éviter qu'elle ne se déroule (**photos n° 5 et 6**). Faire lever à la température de 28°C pendant 1 heure. Cuisson à 180°C pendant 13 minutes. À la sortie du four, abricoter et mettre quelques pistaches hachées en décor.

Pistachio and Chocolate Roll

INGREDIENTS FOR FILLING
500 g cream filling
50 g pistachio paste

METHOD
Roll out to 2 mm thick. Width: 43 cm, length: 50 cm. Mix the cream filling with the pistachio paste. Spread onto the dough, adding a few chocolate chips (**photos n° 1 and 2**). Roll up as you would with a "pain aux raisins" (raisin roll). Cut into slices 2 cm thick, weight: 60 g (**photos n° 3 and 4**). Place the end of the roll underneath to prevent it from unfurling (**photos n° 5 and 6**). Leave to rise at 28°C for 1 hour. Bake at 180°C for 13 min. Once out of the oven, spread with apricot jam and add a few chopped pistachios to decorate.

1 ▲

2 ▲

3 ▲

4 ▲

5 ▲

6 ▲

Dôme aux pommes | *Apple Dome*

Dôme aux pommes

Ingrédients

Pâte à brioche
Pommes tombées au beurre noisette

Procédé

Abaisser à 2 de la pâte à brioche au laminoir. Détailler des fonds de 12 cm de diamètre (**photo n° 1**). Foncer dans des moules (**photo n° 2**). Mélanger la garniture avec de la compote de pommes. Garnir (**photo n° 3**).
Finition : pâte à brioche et tranche de pomme passée au sirop (**photos n° 4 et 5**).
Fermentation pendant 1 heure à 28°C.
Cuisson pendant 14 minutes à 180°C.

Apple Dome

Ingredients

Brioche dough
Filling: apples dipped in brown butter

Method

Roll the brioche dough out to a thickness of 2 mm. Cut out bases 12 cm in diameter (**photo n° 1**). Place in the bottom of the moulds (**photo n° 2**). Mix the filling with apple compote. Fill (**photo n° 3**).
To finish: brioche dough and a slice of apple dipped in syrup (**photos n° 4 and 5**).
Leave to ferment for 1 hour at 28°C.
Bake for 14 min at 180°C.

1 ▲

2 ▲

3 ▲

4 ▲

5 ▲

Pain au riz et abricot

Ingrédients

1 l de lait
1 gousse vanille
2 g de sel
100 g de riz
100 g de beurre
4 œufs
100 g de sucre
1 zeste d'orange
abricots en dés

Procédé

Chemiser les moules en pâte sablée aux amandes (**photos n° 1 et 2**). Cuire le riz doucement sur le gaz avec le lait, le sel et la vanille. Après cuisson, ajouter le beurre. Mélanger les œufs, le sucre, le zeste et les abricots. Cuisson à 180°C pendant 20 minutes.

Rice and Apricot Bread

Ingredients

1 litre milk
1 vanilla pod
2 g salt
100 g rice
100 g butter
4 eggs
100 g sugar
1 orange zest
diced apricots

Method

Line the moulds with almond sablé pastry (**photos n° 1 and 2**). Cook the rice gently with the milk, salt and vanilla. Once it is cooked, add 100 g butter. Mix the eggs, sugar, zest and apricots. Bake at 180°C for 20 min.

1 ▲

2 ▲

Cannelet

Ingrédients

50 cl de lait
25 g de beurre
40 g de jaune d'œuf
50 g d'œuf
250 g de sucre semoule
125 g de farine
1/2 gousse de vanille
1,5 cl de rhum
1 zeste de citron
3 g d'amandes amères

Procédé

Faire bouillir le lait, le beurre, les amandes amères, les zestes, et la gousse de vanille. Laisser tiédir à couvert. Mélanger les œufs et le sucre (**photo n° 1**). Ajouter la farine au mélange avec le rhum et le zeste. Laisser reposer. Cirer les moules et les garnir (**photos n° 2 et 3**). Mettre au four à 170°C pendant 30 min (couleur brun foncé).

Cannelet

Ingredients

50 cl milk
25 g butter
40 g egg yolk
50 g egg
250 g caster sugar
125 g flour
1/2 vanilla pod
1.5 cl rum
1 lemon zest
3 g bitter almonds

Method

Boil the milk, butter, bitter almonds, zests and the 1/2 vanilla pod. Leave to cool, covered. Mix together the eggs and sugar (**photo n° 1**). Add the flour to the mixture, along with the rum and zests. Leave to stand. Grease the moulds and fill (**photos n° 2 and 3**). Place in the oven at 170°C for 30 min (until dark brown in colour).

1 ▲

2 ▲

3 ▲

au café

Financier framboise | Raspberry Financier

Financier framboise

INGRÉDIENTS

660 g de sucre glace
240 g de poudre d'amandes
250 g de farine
6 g de poudre à lever
60 g de Trimoline
670 g de blanc d'œuf
360 g de beurre noisette
5 g de vanille
30 g d'eau de vie de framboise

PROCÉDÉ

Mettre le sucre glace, la farine, la vanille et la poudre d'amandes dans la cuve (**photos n° 1 et 2**). Mélanger le tout au fouet avec la Trimoline (sucre inverti). Ajouter la farine, le beurre noisette, les blancs et l'eau de vie de framboise (**photos n° 3 et 4**). Garnir les moules (**photo n° 5**).
Cuisson : 8 min à 220°C.

Raspberry Financier

INGREDIENTS

660 g icing sugar
240 g powdered almond
250 g flour
6 g baking powder
60 g Trimoline (invert sugar)
670 g egg white
360 g brown butter
5 g vanilla
30 g raspberry schnapps

METHOD

Place the icing sugar, flour, vanilla and powdered almonds in the bowl (**photos n° 1 and 2**). Whisk with the Trimoline. Add the flour, brown butter, egg whites and raspberry schnapps (**photos n° 3 and 4**). Fill the moulds (**photo n° 5**).
Bake for 8 min at 220°C.

1 ▲

2 ▲

3 ▲

4 ▲

5 ▲

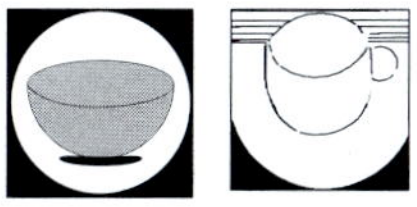

Pains au chocolat | *Chocolate Breakfast Rolls*

Croissants feuilletés | *Flaky Croissants*

Croissants feuilletés
Pains au chocolat

Flaky Croissants
Chocolate Breakfast Rolls

INGRÉDIENTS DE LA PÂTE	INGREDIENTS OF THE MIXTURE	
50 g d'eau	*50 g water*	
~~*50 g d'améliorant*~~	~~*50 g improver*~~	
220 g de beurre	*220 g butter*	
80 g de levure	*80 g yeast*	20g
400 g d'eau	*400 g water*	300 ml milk or water
300 g de farine	*300 g flour*	
1 500 g de farine de gruau	*1,500 g white wheat flour*	type 55. 500g
400 g de farine	*400 g ordinary flour*	
160 g de sucre	*160 g sugar*	40 g
50 g de sel	*50 g salt*	10 g
700 g de lait	*700 g milk*	300 g

1 ▲

2 ▲

3 ▲

4 ▲

PROCÉDÉ

Température de base : 54°C. Diluer l'améliorant avec l'eau. Mettre le beurre en pommade. Faire une poolish avec 300 g de farine, la levure et l'eau (**photos n° 1, 2 et 3**). Ajouter la farine de gruau et 400 g de farine sur la poolish sans faire tourner la machine. Ajouter sucre, sel, lait, améliorant et beurre en pommade. Pétrir sans corser (**photo n° 4**).
Poids de la détrempe : 3 910 g. Pointage : 60 minutes à la température du laboratoire. Resserrer. Mettre au frigo à 4°C environ 2 heures. Rompre et diviser en 2 pâtons.

METHOD

Basic temperature: 54°C. Dissolve the improver in the water. Soften the butter. Make a sponge starter using the water, yeast and the 300 g flour (**photos n° 1, 2 and 3**). Add the white wheat flour and the 400 g ordinary flour to the sponge starter without starting the kneader. Add the sugar, salt, milk, improver and softened butter. Knead without adding body (**photo n° 4**).
Weight of base dough: 3,910 g. First proof: 60 min at laboratory temperature. Knock back. Place in the refrigerator at 4°C for around 2 hours. Punch down and divide into 2 dough pieces.

Beurrage et tournage (pour 1 pâton)

Abaisser la pâte en rectangle au laminoir à 8. Beurrer les 2/3 de la surface avec 700 g de beurre travaillé à la main. Plier en 3. Tourner d'un quart de tour. Abaisser au laminoir Rondo à 5. Donner un premier tour simple. Mettre au frigo à 4°C. Laisser reposer environ 2 heures entre chaque tour. Abaisser au laminoir Rondo à 8 et donner 3 tours simples. Abaisser à 2,5 au laminoir - L 48 cm. Détailler 3 bandes de 17 triangles (**photo n° 5**). Poids de la pâte : 250 g pour 5 croissants crus (**photo n° 6**).

Buttering and layering (for one dough piece)

Roll out the dough into a rectangle to a thickness of 8 mm). Butter two thirds of the surface with 700 g butter which has been worked by hand. Fold the dough into three. Turn a quarter of the way round. Roll the dough out again to 5 mm thick. Make the first single layer. Place in the refrigerator at 4°C. Leave to stand for around 2 hours between each layer. Roll out to 8 mm thick and make 3 single layers. Roll out to 2.5 mm thick, width - 48 cm.
Cut out 3 strips of 17 triangles (**photo n° 5**). Weight of dough: 250 g for 5 uncooked croissants (**photo n° 6**).

5 ▲

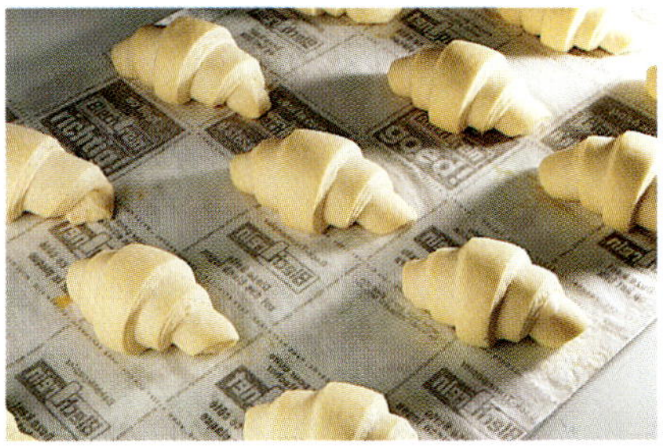

6 ▲

7 ▲

8 ▲

Chambre de pousse

Température de fermentation : 27°C.
Humidité : 90-95 %
Temps de fermentation : 2 heures.

Rising chamber

Fermentation temperature: 27°C.
Humidity: 90-95 %
Fermentation time: 2 hours.

Pain au chocolat

Abaisser la pâte au laminoir à 2 (**photo n°** 7). 14 cm de large avec un bâton de 10 g de chocolat (**photo n° 8**).
Température de fermentation : 27°C pendant 1 h 30.
Cuisson à 180°C pendant 13 minutes.

Chocolate Breakfast Rolls

Roll out the dough to 2 mm (**photo n°** 7). 14 cm wide with a 10 g stick of chocolate (**photo n° 8**).
Fermentation temperature: 27°C for $1^1/2$ hours.
Bake at 180°C for 13 min.

Le vocabulaire professionnel et autres termes de métier

Dans un laboratoire, vous entendrez toutes sortes de mots nouveaux qui font partie du vocabulaire technique de votre profession. Pour une bonne compréhension entre professionnels d'une même corporation, il est primordial de s'initier à leur véritable définition.

A

Abaisse
Pâte qui a été amincie à l'aide d'un rouleau ou d'un laminoir jusqu'à une épaisseur désirée.
Abaisse
Morceau de pâte aplatie selon la forme et l'épaisseur désirée.
Abaisser
Étendre et aplatir la pâte au rouleau ou au laminoir.
À bouche
Enfourner près de la porte du four, le contraire est « au fond ».
Abricoter
Étaler à l'aide d'un pinceau une couche plus ou moins épaisse de marmelade d'abricot sur une préparation.
Accoler
Réunir, assembler deux ou plusieurs éléments pour constituer un gâteau.
Acidité
Saveur piquante résultant de la fixation de l'oxygène ou de l'hydrogène avec un corps simple. Soit, schématiquement, une flèche se dirigeant du milieu de la plage (au moins 7) et allant vers 0 à mesure qu'augmente l'acidité.
0 < 7 > 14
Acidité Basicité
À deux-mains
Ouvrier pouvant faire les deux postes en travaillant seul.
Allonger
Opération consistant à donner la longueur désirée à un morceau de pâte (« moulure » ou « abaisse »).
Aide
Autrefois, boulanger affecté au pétrin et au façonnage.
Appareil
Mélange de plusieurs produits substances entrant dans la composition d'une préparation de recettes de pâtisserie.
Apprêt
Période de fermentation préparatoire à la cuisson, allant du façonnage à la mise au four.
Après-coup
Pains que l'on cuits après la fournée sans réchauffer le four (bois).
Aromatiser
Incorporer un arôme ou un aromate à une préparation.
Arôme
Émanation, odeur naturelle ou artificielle destinée à donner une saveur particulière à une préparation.

B

Banneton
Panier en osier recouvert de toile dans lequel le pâton lève pendant l'apprêt.
Bain-marie
Eau plus ou moins chaude, dans laquelle on place des récipients contenant des préparations à cuire ou à tenir chaud.
Barboter
Pétrir une pâte avec beaucoup trop d'eau.
Bassin
Récipient en tôle étamée d'une contenance de 5 litres.
Bassiner
Rajouter de l'eau au cours d'un frasage ou lors du pétrissage d'une pâte.
Bâtarde
Pâte ni douce ni raide.
Battre
Agiter vigoureusement une préparation, à l'aide d'un fouet, soit pour le mélanger, soit pour augmenter le volume.
Beurre manié
Mélange de beurre et de farine. Utilisé pour le feuilletage inversé, par exemple. Permet d'obtenir « l'à-point » de la liaison d'une sauce pour les traiteurs.
Beurrer
Enduire les parois de moules et de plaques d'une fine couche de beurre pour empêcher les pâtisseries de coller. Incorporer du beurre dans la détrempe de feuilletage.
Bloquer
Fraser une pâte avec trop de farine par rapport à l'eau.
Boulanger (verbe)
Pétrir.
Bouler
Rouler de la pâte pour lui donner une forme de boule.
Bricole
Signifie tout ce qu'il y a de fabrication au-dessous des pains d'une livre, baguette d'une demi-livre (jokos, empereurs, croissants...).
Brigadier (nom)
Autrefois, boulanger affecté au four et responsable de la « brigade ».
Buée
Vapeur d'eau libérée dans le four ou chambre de cuisson juste avant l'enfournement.

C

Chemiser
Appliquer à l'intérieur d'un moule, d'une caissette, une légère couche de glace, gelée, chocolat, papier ou caramel.
Chinois
Filtre tronconique à grille extrêmement fine.
Chiqueter
Entailler plus ou moins profondément le pourtour d'une pièce en pâte feuilletée, à l'aide d'un couteau, pour lui donner un aspect particulier.
Clarifier
Opération qui consiste à débarrasser un liquide des impuretés en suspension qu'il contient par filtrage, décantation ou à l'aide des blancs d'œufs.
Clé-moulure
Endroit où le pain a été soudé lors de la tournure ou du façonnage.
Cloque
Boursouflure qui se trouve sur le pain une fois cuit.
Colorer
Ajouter une matière colorante dans une préparation ou des matières premières.
Contrefraser
Rajouter de la farine à une pâte au cours du frasage, afin

de la rendre plus ferme.
Corner
Racler complètement des récipients pour y laisser le moins possible de matière première.
Corps
Élasticité, ténacité, résistance d'une pâte après son pétrissage (due au gluten).
Corser
Donner de l'élasticité à une pâte (augmenter sa ténacité) en la pétrissant d'avantage.
Relever la saveur d'une crème ou d'une sauce en y ajoutant plus d'arôme ou davantage d'épices.
Cotrets
Bois en paquets pour fours à gueulard.
Couche
Toile de lin sur laquelle lève le pâton pendant l'apprêt.
Coucher
Synonyme de dresser.
S'emploie surtout pour la pâte à choux.
Coulage
Action qui consiste à mettre l'eau nécessaire à une *pétrissée.*
Coups de lame
Incision pratiquée à la surface du pâton au moment de l'enfournement.
Creux
Pâte maigre, qui manque de pousse et de force.
Croûter
Se dit d'un morceau de pâte dont la partie en contact avec l'air est desséchée. Ceci est dû à un degré hygrométrique de l'air trop faible. Il y a parfois *croûtage* également lorsque le pâton est en contact avec un objet très sec.
Couvrir
Placer un linge humide ou une feuille de matière plastique sur une pâte pour éviter qu'elle croûte.
Crémer
Travailler une matière grasse seule ou avec du sucre afin de lui donner la consistance d'une crème.
Crever
Faire éclater du riz en le plongeant 2 ou 3 minutes dans de l'eau bouillante avant son utilisation.
Cribler
Séparer certaines matières premières de leurs déchets (noisettes).
Passer certains produits pour les classer par grosseur.
Culotter
Faire brûler le fond d'une casserole ou d'un gâteau.

D

Déchiré
Pain dont le coup de lame a provoqué une grigne mal formée, déchirée.
Démouler
Retirer avec précaution le moule d'une préparation.
Dénoyauter
Enlever les noyaux des fruits. Cette opération peut s'effectuer à l'aide d'un petit outil spécial, appelé dénoyauteur, ou d'une machine.
Dessécher
Déshydrater, faire évaporer l'humidité se trouvant dans une matière sur le feu (pâte crue ou cuite, pâte à choux), en plaçant celle-ci dans une étuve ou dans un four.
Détailler
Découper des morceaux de pâte de forme bien déterminée dans une abaisse de pâte, à l'aide d'un couteau (croissants) ou de découpoirs.
Détrempe
pâte de base, constituée par un mélange de farine, sel et eau, que l'on utilisera lors de la confection du feuilletage.
Développer
augmentation, accroissement du volume d'une préparation (pâte, crème, gâteau), soit au cours de la cuisson, soit lors de la fermentation.
Dissoudre
Faire fondre certaines substances solides dans un liquide.
Dorer
Étaler un mélange d'oeufs battus avec un pinceau sur la surface d'un gâteau avant cuisson pour donner un aspect brillant à certaines pâtisseries.
Doubler
Opération qui consiste à glisser une plaque sous une autre avant ou pendant la cuisson, pour empêcher les produits de ferrer ou pour en garder le moelleux.
Dresser
Donner une forme à une pâte ou à un appareil à l'aide d'une poche ou d'un pochoir.
Disposer avec goût des pâtisseries sur un plateau pour la présentation.

E

Ébarber
Enlever la partie qui dépasse des bords d'un gâteau.
Ébullition
Mouvement d'un liquide qui bout. Lorsqu'un liquide chauffé atteint une température de 100°C ou plus, de grosses bulles se forment dans le fond du récipient et viennent éclater en surface mettant ce liquide en mouvement.
Écaler
Ôter l'écale (coquille dure) de certains fruits, noix, noisettes, amandes. Se dit également pour les œufs cuits durs et les coquillages.
Échelle viennoise
Échelle double sur laquelle on pose les plaques ou les planches.
Écumer
Ôter les impuretés qui se forment à la surface de cuisson du sucre, confitures, gelée ou bouillon à l'aide d'une écumoire.
Effiler
Couper des fruits secs, en fines tranches, soit mécaniquement, soit manuellement.
Égoutter
Débarrasser une pâtisserie ou une denrée de son excédent de liquide (sirop, jus, fondant, etc...)
Émincer
Couper en tranches fines (fruits, viande, légumes).
Émulsionner
Provoquer la dispersion d'un liquide dans un autre liquide ou dans une matière dans lequel il n'est pas miscible.
On provoque une émulsion en dispersant des œufs dans du beurre.
Enfourner
Mettre dans le four des préparations à cuire.
Enrober
Recouvrir entièrement et uniformément un produit d'une couche plus ou moins épaisse d'une matière protectrice (chocolat, pâte à frire, glace de viande, etc).
Épépiner
Ôter, enlever les pépins se trouvant dans certains fruits.
Éplucher
Ôter la peau d'un fruit, d'un légume, et enlever tout ce qui n'est pas comestible.
Éponger
Nettoyer le bord inférieur d'un récipient dans lequel se déroule une cuisson, avec un pinceau mouillé.
Équeuter
Retirer les queues des fruits.
Étirer
Allonger du sucre cuit, le replier sur lui-même, puis recommencer l'opération plusieurs fois de suite afin d'obtenir le satinage du sucre tiré.
Étouffer
Cuire à court-mouillement et à couvert.
Étuver
Mettre un produit à l'étuve, pour accélérer sa fermentation. Dessécher certaines denrées.

F

Façonner ou tourner
Donner une forme particulière et définitive en modelant avec les mains toutes sortes de pâtes.
Fariner
Saupoudrer de farine, un tour, une plaque ou un moule afin d'empêcher certaines fabrications de coller ou de s'étaler.
Farinés
Pains saupoudrés de farine.
Ferré
Se dit pour désigner une pâtisserie dont le fond est brûlé.
Festonne
S'emploie pour désigner des pâtisseries dont le bord est constitué par des dents arrondies (tartelettes, pithiviers, et.c.).
Filtrer
Faire passer un liquide (sirop, crème, etc.) à travers un filtre à papier, une étamine, pour le débarrasser de ses impuretés.
Fleurage
Poudre qu'on mettait sur la pelle à l'enfournement pour empêcher le pain de coller et lui permettre de mieux « glisser ». Produit fait de divers ingrédients : corrozo, sciure de bois...
Fleurer
Même sens que fariner, mais en parsemant une très fine pellicule de farine.
Fleurons
Petits croissants découpés dans la pâte feuilletée que l'on utilise après cuisson pour décorer certains plats.
Foncer
Tapisser à l'intérieur d'un moule ou d'un cercle avec de la pâte afin de constituer un fond, un support permettant de recevoir d'autres substances.
Fond
Pâtisserie utilisée comme base de fabrication et constituant généralement la couche inférieure d'un gâteau. Exemple : fond de vacherin, succès.
Jus de cuisson de viandes diverses avec des aromates.
Fontaine
Creux que l'on ménage au milieu de la farine ou autre matière première, pour y déposer sel, sucre ou verser les matières liquides à incorporer au cours du pétrissage.
Fouetter
Action qui consiste à battre plus ou moins vigoureusement une matière ou une préparation avec un ustensile appelé « fouet » dans le but de mélanger, de lier , d'alléger, etc.
Force
Évolution physique de la pâte au cours de la fermentation où il y a perte de souplesse et gain de ténacité.
Fourrer
Garnir de crème ou d'une autre matière un fond de pâtisserie.
Synonyme : introduire ou faire entrer.
Fournée
Ensemble de tout ce que l'on expose à la fois à la chaleur d'un four. Quantité de pains cuits à la fois.
Français
Terme employé dans les fournils autrefois pour désigner le travail sur levain , par opposition au viennois qui désignait, lui, le travail sur levure.
Fraser
Écraser intimement les éléments d'une pâte avec la paume de la main pour la lisser et l'homogénéiser, tout en évitant de lui donner du corps.
Frémir
Se dit d'un liquide agité d'un léger tremblement précédant généralement ébullition.
Frire
Opération consistant à cuire des articles divers dans un bain de graisse bouillante.

G

Garnir
Remplir une préparation (crème, génoise, etc.) un fond de gâteau, un moule, une poche, etc. Ajouter certains éléments pour orner, enjoliver un gâteau, un plat.
Glacer
Action de recouvrir partiellement ou entièrement la surface d'une pâtisserie avec un glaçage (fondant, glace à l'eau, chocolat, etc.)
Rendre brillant la surface d'une pâtisserie, soit en y étendant du sirop dès la sortie du four, soit en faisant fondre du sucre glace recouvrant sa surface par un nouveau passage au four.
Colorer à la salamandre.
Glisses
Petits bâtonnets découpés dans certains fruits secs (amandes).
Grainer
Modifier l'aspect d'une préparation en lui faisant perdre son homogénéité. Exemple : faire grainer du sucre, des blancs d'œufs, etc.
Grigne
Coup de lame bien porté qui permet à la pâte de se développer sous l'effet d'une poussée de gaz carbonique et provoque « l'oreille » ou *grigne.*
Griller
Passer au four ou sur un gril, dans le but de cuire jusqu'à blondissement complet.

I

Imbiber
Faire pénétrer un liquide (sirop, alcool, liqueur, etc.) dans une préparation, soit dans le but de la rendre moins sèche, soit dans le but de la parfumer.
Inciser
Entailler ou couper plus ou moins profondément une pâtisserie à l'aide d'un instrument tranchant (couteau, ciseaux) pour agrémenter sa présentation.
Incorporer
Faire entrer une substance dans une autre ou dans une préparation.
Incruster
Marquer, plus ou moins profondément, la surface d'une pâtisserie ou d'une confiserie, de motifs décoratifs à l'aide d'un couteau, d'un ébauchoir, d'un découpoir, etc.
Infuser
Action de mettre une substance aromatique dans un liquide bouillant le temps nécessaire pour lui communiquer son arôme. Exemple : infuser du thé dans du lait.

J

Jette, jeter
Après avoir été coupé, le pain « jette au four », l'entaille s'ouvre et forme la *grigne.*
Jeune
Travail qui manque de force.

L

Levain
Voir poolisch.
Lustrer
Recouvrir une préparation de nappage, de gelée, de beurre clarifié, pour lui donner un aspect brillant.

M

Macérer
Faire tremper, plus ou moins longtemps, dans de l'alcool ou dans un liquide aromatique alcoolisé, des fruits frais, secs ou confits, afin de les conserver ou les parfumer.
Malaxer
Pétrir à la main ou amollir et améliorer les qualités plas-

tiques de certaines matières grasses.

Manier
Pétrir à la main une certaine quantité de matière grasse et de farine pour les incorporer l'une à l'autre.
Exemple : manier le beurre pour le feuilletage inversé.

Marbrage
Glaçage au fondant rappelant l'aspect du marbre. Exemple : marbrage de millefeuille.

Marbrer
Opération technique destinée à former sur la surface supérieure de certaines pâtisseries des veines colorées rappelant l'aspect du marbre. Cette opération s'effectue en rayant régulièrement avec la pointe d'un petit couteau, un glaçage au fondant, à la gelée, etc. sur lequel on a préalablement tiré des traits parallèles au cornet d'une couleur différente de celle du glaçage.

Marchand de pain
Patron qui n'est pas du métier mais qui est établi boulanger tout de même.

Marchand de vin
Pain long de 1,10 m et plus, et pesant 700 g une fois cuit, ou pain fendu de 4 livres de même longueur.

Marrons
Grumeaux de farine que l'on trouve dans la pâte ou dans le pain.

Masser
Faire cristalliser volontairement un sirop de sucre partiellement ou entièrement.
Exemple : le sucre tourne en masse.

Mise en planche
Action de mise en bac de la pâte pour la première fermentation.

Mixer
Action de mélanger ou de pulvériser plusieurs substances dans un appareil électrique appelé « mixer » ou « mixeur ».

Modeler
Exécuter avec une substance souple et malléable (pâte d'amandes, pâte morte, etc.) la reproduction d'un sujet choisi. Exemple : modeler des fruits en pâte d'amandes.

Monder
Enlever la peau d'amandes, noisettes, pistaches, tomates ou pêches, prunes etc. après les avoir ébouillantées quelques instants puis rafraîchis immédiatement.

Monter
Battre au fouet une substance ou un appareil pour le rendre plus léger et en augmenter le volume. Exemple : monter des blancs d'œufs en neige.

Morveux
Pâte mal pétrie, qui reste suintante et relâche son eau.

Mottes
Agglomérats de farine dus à un tassement dans le sac.

Mouiller
Étendre de l'eau à l'aide d'un pinceau ou d'une brosse sur la surface d'une plaque ou d'un moule.
Ajouter un liquide (lait, eau, œufs, etc.) ou un bouillon à une préparation pour l'assouplir.

Mouillure (boîte à)
Récipient contenant de l'eau qu'on utilise généralement pour humidifier les plaques et les moules.

Mousser
Battre un appareil pour le rendre plus léger et plus volumineux.

O

Oura
Conduit d'appel de fumée qu'on ouvre pendant la chauffe du four.

P

Panachée ou coupée
Fournée comprenant des gros pains et des pains fantaisie.

Parer
En glacerie, améliorer la présentation de certaines pièces glacées par la modification de leur forme initiale.
Enlever les parties de certaines matières premières qui ne sont pas bonnes à consommer. Exemple : parer des fruits, des légumes, de la viande.

Parfumer
Communiquer une odeur, une senteur, un parfum, un arôme à une préparation.

Passer
Faire traverser un liquide dans un ustensile percé de trous (chinois, passoire, tamis, etc.) pour en retenir, en général, les impuretés s'y trouvant.

Pasteuriser
Effectuer une opération de pasteurisation dans le but de détruire les germes que contient une denrée.

Pâtissier-viennois
Pâtissier sachant faire le pain.

Pâton
Nom donné à la pâte feuilletée, tourée et prête à l'emploi.

Peler (à vif)
Opération qui consiste à enlever la peau d'un fruit ou d'un légume.

Peser
Déterminer ou préparer une certaine quantité de matière première à l'aide d'une balance, par comparaison avec l'unité de poids. Exemple : peser de la farine.

Pelotée
S'applique à une farine qui forme des morceaux durs, le plus souvent quand elle a été accidentellement mouillée.

Pétrir
Malaxer, manier une ou plusieurs éléments liquides pour les transformer en pâte.

Pétrissage amélioré
Méthode de pétrissage où est employée une vitesse rapide et une durée plus courte que dans la méthode *en intensifié.*

Pétrissée
Unité de pâte obtenue par l'ensemble des matières premières utilisées dans un pétrissage.

Pile
Pains dans les bannetons, arrangés les uns sur les autres, avant d'aller au four et posés sur un chariot.

Pincée
Quantité de matière première que l'on peut prendre entre deux doigts dans le geste de pincer.

Pincer
Opération qui consiste à agrémenter le pourtour d'une tarte, d'un pâté, d'une tourte, etc. en striant les bords à l'aide d'une pince à tarte ou en serrant entre les doigts un peu de pâte à la fois.

Piquer
Percer de nombreux petits trous la surface supérieure d'une abaisse de pâte, dans le but d'empêcher la formation de boursouflures durant la cuisson.

Plat
Pâte ou pain qui pousse plat, qui manque de force.

Plancher
Désigne le temps de repos entre la date de fabrication d'une farine et sa mise en œuvre.

Pointer
Faire fermenter une pâte levée, dès la fin du pétrissage, durant un temps plus ou moins long.

Pointage = piquetage
Période de fermentation se situant entre la fin du pétrissage et le premier pain tourné.

Polymérisation
Union de plusieurs molécules d'un composé en une grosse molécule.

Poolisch
Préparation obtenue par un mélange de farine de levure biologique et d'eau ou par un mélange de farine avec un levain de pâte naturelle (vieille pâte que l'on a fait aigrir) et qui est destinée à faire fermenter les pâtes dans lesquelles on l'introduit.

Pousse
Expression imagée pour désigner la fermentation de la pâte.
Pousse
Augmentation du volume d'une pâte due à la fermentation.
Développement caractéristique de la pâte feuilletée à la cuisson.

R

Rafraîchir
Repétrir une pâte et surtout un levain en ajoutant eau et farine.
Entreposer une préparation dans un meuble frigorifique afin de la refroidir.
Rayer
Avec la pointe de la lame d'un couteau d'office, inciser de raies parallèles la surface préalablement dorée de certains gâteaux dans le but de parfaire la présentation.
Réduire
Faire diminuer le volume d'une préparation par une lente évaporation.
Exemple : réduire un nappage, une sauce, etc.
Relâcher
Se dit des pâtes et des crèmes qui se ramollissent quelques temps après la fabrication.
Exemple : la crème pâtissière relâche.
Repère
Marque faite sur un gâteau pour faciliter sa décoration, sa division ou son montage.
Retomber
Se dit d'une pâte, d'un appareil, d'une meringue dont le volume diminue après avoir augmenté pendant le montage ou la cuisson, suivant le cas.
Exemple : la génoise retombe, les blancs retombent,etc.
Rioler
C'est placer des bandes de pâtes à intervalles réguliers sur la surface supérieure d'un gâteau, de façon telle qu'elles s'entrecroisent en diagonales.
En rive
Bord de l'intérieur d'un four, gauche ou droite, enfourner en rive, sur les côtés.
Rognures
Chutes de pâtisserie provenant de découpes ou d'ébarbage de gâteaux.
Rompre
Action qui consiste à rabattre une pâte à son état initial après un certain temps de pointage, pour redonner plus d'activité à la fermentation et pour donner plus de force à la pâte.
Rond
L'un des aspects de la pâte en cours de fermentation, et qui indique trop de force.
Rondine
Se dit d'un pain n'ayant aucune grigne. Défaut dû soit à une pâte anormale, ou à de mauvaises conditions de cuisson (four trop chaud par exemple).

S

Sabler
Opération qui consiste à brasser ensemble de la farine et de la matière grasse jusqu'à obtention d'un mélange rappelant un peu la texture du sable.
Action de faire masser du sucre cuit en le tournant avec une spatule, jusqu'à l'obtention d'une masse granuleuse et sableuse.
Saisi
Produit en général peu développé, qui a été enfourné dans un four à une température nettement supérieure à la normale, conduisant souvent à un produit coloré et peu cuit.
Saisir
Exposer une préparation à une forte chaleur. Exemple : saisir à feu vif.
Saupoudrer
Répandre, parsemer une substance pulvérulente (sucre glace, farine, poudre de cacao, etc.) sur une préparation à l'aide d'un flacon appelé « saupoudreuse », dont le couvercle est percé de petits trous.
Serrer
Action de presser ou de rouler une pâte levée pour en chasser le gaz carbonique au cours de l'opération de façonnage dans le but de lisser et de corser les pièces fabriquées.
Exemple : serrer des boules de pâte à brioche.
Singer
Saupoudrer de farine.
Siroper
Imbiber de sirop un fond de gâteau.
Sole
Partie du four sur laquelle on pose les pains pour les faire cuire.
Soudure
Voir *clé* ou *moulure* du pain.
Surgélation
« congélation ultra-rapide ».
Procédé qui consiste à stabiliser des produits alimentaires en les soumettant le plus vite possible à un abaissement de température suffisant pour permettre l'obtention « à cœur » d'une température égale ou inférieure à - 18°C.
La surgélation s'effectue dans des appareils dont les températures varient de - 40°C, dans l'artisanat, à - 196°C, dans l'industrie. Ce dernier procédé permet de franchir très rapidement la zone de cristallisation maximale et permet de maintenir les cellules de chaque produit en leur état primitif, sans les détruire.

T

Tamiser
Action qui consiste à secouer d'un mouvement horizontal circulaire un tamis dans lequel se trouve une matière pulvérulente pour en ôter les grumeaux et les impuretés éventuelles.
Tour
1. Couvercle en bois du coffre servant autrefois de pétrin.
2. Voir *tourer.*
Tourer
Allonger à l'aide d'un rouleau ou du laminoir un pâton de feuilletage puis le plier sur luimême en 3 ou 4 parties égales, ce qui constitue un *tour.*
Tourne à clair
Se dit d'un pain mis à pousser avec la partie lisse en contact avec la toile.

V

Vert
S'applique à un travail, une pâte qui ressue l'eau.
Bannetons verts : ceux qui viennent de servir. *Vert* est le contraire de *croûté.*
Viennois
Cf *français.* Autrefois, pain fait à la levure contrairement au *français* fait sur levain.
Le mot a évolué dans un sens plus large et désigne la boulangerie fine (viennoiserie).
Désigne aussi l'ouvrier qui fait ce travail ou, par extension, l'ouvrier capable de faire pain et pâtisserie (boulangère).

Professional vocabulary and other terms of the trade

In a laboratory, you will hear all sorts of new words which are part of the technical vocabulary of the baking trade. To ensure full comprehension of the terms used by people working within the same profession, it is very important to be familiar with their exact meaning.

A

Abaisse (dough sheet)
Dough which has been thinned out to the desired thickness using a roller.

Abaisse (dough sheet)
Piece of dough rolled out to the desired thickness and shape.

Abaisser (to roll out)
To stretch and flatten pastry using a roller.

À bouche (close to oven door)
Term used when loaves are placed near to the oven door, the opposite being *au fond* (across the back).

Abricoter
French term referring to the spreading of a layer of apricot jam of varying thicknesses onto a preparation, using a pastry brush.

Accoler (to piece together)
To put together two, or several, elements to make up a single cake.

Acidité (acidity)
Pungent flavour resulting from oxygen or hydrogen fixing with a simple body. This is expressed in schematic terms by an arrow going from the middle of a scale (at least 7) and moving towards 0 as the level of acidity increases.

0	7	14
Acidity		Basicity

À deux mains
French term used to describe a baker capable of carrying out the two main baking operations while working alone.

Allonger (to roll out)
Operation which consists in giving the desired length to a piece of dough (or "dough sheet").

Aide (table hand)
Name once given in France to the baker in charge of kneading and shaping.

Appareil (mixture)
Combination of several products/substances which make up a preparation for cake-making recipes.

Apprêt (final proof)
Final period of fermentation prior to baking, from the shaping stage to placing in the oven.

Après-coup
Term used to describe loaves which are baked after the main batch without reheating the oven (wood-fired).

Aromatiser (to flavour)
To incorporate a flavouring or seasoning into a preparation.

Arôme (flavouring)
A natural or artificial aroma used to give a particular flavour to a preparation.

B

Banneton (bread basket)
Canvas-lined wicker basket in which the dough portions are left to rise during the final proof.

Bain-marie
Water at varying temperatures inside which containers holding preparations to be cooked or kept hot are placed.

Barboter
Term used for a slack dough kneaded with too much water.

Bassin (basin)
5-litre container made of tin.

Bassiner (to slacken)
To add water while kneading a dough.

Bâtarde
Term for a dough with a bad consistency.

Battre (to beat)
To whisk a preparation vigorously, either to mix the ingredients together or to increase its volume.

Beurre manié (kneaded butter)
Mixture of butter and flour. Used for rolling puff pastry, for example. In catering, it helps in achieving the "just right" stage when mixing sauces.

Beurrer (to butter)
To coat the sides of a mould or oven sheet with a fine layer of butter to prevent cakes from sticking.
To incorporate butter into the base dough in making puff pastry.

Bloquer ("tight dough")
To knead a dough using too much flour in proportion to the water.

Boulanger (to knead)
French verb from which words such as *boulangerie* are derived.

Bouler (to roll)
To roll dough in such a way as to form a ball shape.

Bricole (small items)
Term describing any products weighing less than one pound in the case of loaves, half-a-pound in the case of baguettes ("jokos", *empereurs*, croissants...).

Brigadier (charge hand)
The name once given to the baker in charge of the oven and head of the baking team.

Buée (steam)
The transformation of water into steam inside the oven or baking chamber just before putting a preparation into the oven. (Also referred to as "misting".)

C

Chemiser (to line)
To apply a thin layer of ice-cream, jelly, chocolate, paper or caramel to the inside of a mould or pastry case.
To place pastry all along the inside walls of a mould or cake ring to make a base as a support for other substances.

Chinois
A conical strainer with an extremely fine mesh.

Chiqueter (to pink out)
To make notches of varying depths all around the edge of a piece of puff pastry using a knife, to give it a particular appearance.

Clarifier (to clarify)
Operation which consists in ridding a liquid of the suspended impurities it contains by means of filtering, decanting or with the help of egg whites.

Clé/moulure (seam)
The place where the bread was sealed during the shaping process.

Clé/soudure (seam)
Place where the two ends of a dough portion are joined together when moulded.

Cloque (blister)
Swelling found in a baked loaf.

Colorer (to colour)
To add a colouring substance to a preparation or raw material.
Contrefraser (to tighten a dough)
To add flour during mixing so as to make the dough tighter.
Corner (to scrape out)
To remove as much raw material as possible from containers.
Corps (body)
The elasticity, strength, resistance of a dough after kneading (caused by the gluten).
Corser (to give body/pep up)
To increase the elasticity of a dough (increase its strength) by further kneading.
Also refers to enhancing the flavour of a cream or sauce by adding more flavouring or spices.
Cotrets (wood bundles)
Bundles of wood used in old style ovens.
Couche (cloth)
Linen cloth on which the dough is left to rise during the final proof.
Coucher (to pipe on/arrange)
Synonym of *dresser*. Used especially with choux paste.
Coulage (pouring quantity)
Addition of the required amount of water during kneading.
Coups de lame (knife-cuts)
Incisions made on the surface of the dough portion as it is placed in the oven.
Creux
Thin dough, with little rise and strength.
Croûter (to skin)
Term used to describe a piece of dough in which the part in contact with the air has dried out. This is due to an insufficient level of moisture in the air. Skinning also occurs when the dough portion is in contact with a very dry object.
Couvrir (to cover)
To place a damp cloth or a plastic sheet over a dough to prevent it from crusting.
Crémer (to cream)
To work fat on its own or with sugar to give it a creamy consistency.
Crever
This refers to making rice grains burst by plunging them for 2 or 3 minutes in boiling water before use.
Cribler (to sift)
To separate certain raw materials from their unwanted matter (e.g. hazelnuts).
To put certain products through a sieve to class them in order of size.
Culotter (to burn)
To burn the bottom of a pan or cake.

D

Déchiré (torn)
Description of a loaf in which the *grigne* is ill-formed and torn because the slash was not correctly executed.
Démouler
To remove a preparation carefully from its mould.
Dénoyauter (to stone)
To remove stones from fruits. This operation can be performed with the help of a small, purpose-designed tool known as a stoner, or by a machine.
Dessécher (to dry out)
To dehydrate the moisture from a raw material through evaporation, either by placing it on the heat (choux paste), in a drying oven or in a regular oven.
Détailler (to cut out)
To cut out particular shapes from a dough sheet using a knife or cutters.
Détrempe (base dough)
The base dough consisting in a mixture of flour, salt and water, used in making puff pastry.
Développer (to develop)
The increase in volume of a preparation (dough, cream, cake), either during cooking or fermentation.
Dissoudre (to dissolve):
To melt certain types of solid substance in a liquid.
Dorer (to glaze)
To apply beaten egg using a pastry brush to create a shiny surface on certain types of cake.
Doubler (double-panning)
Operation which consists in sliding one oven sheet under another before or during baking, to prevent products from burning on the bottom or to make sure they stay moist.
Dresser (pipe on/arrange)
To give a dough or mixture a particular appearance with the help of a piping bag or stencil.
To arrange cakes attractively on a presentation tray.

E

Ébarber (to trim)
To remove overlapping parts from around the edges of a cake.
Ébullition (boiling)
The movement of a boiling liquid. When a heated liquid reaches a temperature of 100°C or more, large bubbles are formed in the base of the container which rise to the surface and burst, stirring up the liquid in the process.
Écaler (to shell)
To remove the hard shell from certain fruits, walnuts, hazelnuts, almonds. Also used for hard-boiled eggs and shellfish.

Échelle viennoise (Viennese ladder)
Double ladder on which baking sheets or boards are placed.
Écumer (to skim)
To remove the impurities which form on the cooking surface of sugar, jams, jelly or stock, with the help of a skimming ladle.
Effiler (to slice)
To cut dried fruit into thin slices, either mechanically or manually.
Égoutter (to drain):
To remove excess liquid (syrup, juice, frosting, etc...) from a cake or food preparation.
Émincer (to slice)
Term used for cutting up meat, fish or vegetables into thin slices.
Émulsionner (to emulsify)
To force one liquid to disperse into another liquid or substance into which it usually cannot be mixed. An emulsion is created when mixing eggs with butter.
Enfourner (to load an oven)
To place preparations in the oven for baking.
Enrober (to coat)
To cover a product entirely and uniformly with a layer of protective substance of varying thicknesses (chocolate, frying batter, meat glaze, etc.).
Épépiner (to deseed)
To remove the pips found in certain fruits.
Éplucher (to peel)
To remove the skin from a fruit or vegetable, along with all other non-edible matter.
Éponger (to sponge)
To clean the inside edge of a container in which a product is being cooked using a moistened brush.
Équeuter (to tail)
To remove the stalks from fruits.
Étirer (to pull)
The process by which cooked sugar is stretched out and then folded back on itself. This operation is repeated several times over so as to give a satiny finish to pulled sugar.

Étouffer (to braise)
To cook a product in a small quantity of liquid, in a covered pan.
Étuver (to dry out)
To place a product in a drying oven to accelerate fermentation. To dehydrate certain food products.

F

Façonner (to shape/mould)
To give a particular form to various types of doughs/pastries by modelling them with the hands.
Fariner (to dust)
To dust a trough, oven sheet or mould with flour to prevent certain products from sticking or spreading out.
Farinés (dusted)
Loaves dusted with flour.
Ferré (burned)
Term used when the bottom of a cake has been burned or when the underside of a loaf has been burned.
Festonne (scalloped)
Term used to describe cakes with round serrated edges (tarts, pithiviers, etc.).
Filtrer (to filter)
To put a liquid (syrup, cream, etc.) through a paper filter or straining cloth to get rid of any impurities.
Fleurage (flouring)
Sprinkling a powdery substance onto the baker's peel when placed in the oven, to prevent the bread from sticking and enable it to "slide" better. The powder can be made from a variety of ingredients: corozo, wood shavings, rice cones etc.
Fleurer (to dust lightly)
Same meaning as *fariner*, but referring to a particularly fine layer of flour.
Fleurons
Small crescent shapes cut out from puff pastry and then used after baking to decorate certain dishes.
Foncer (to line)
To arrange pastry inside a mould or cake ring so that it forms a base or support for other substances.
Fond (base/gravy)
A cake product used as a base for a preparation, usually the lower layer of a cake; e.g. base for a vacherin, succès, etc. The term also refers to various types of meat juice with added seasoning.
Fontaine (bay)
A hollow made in flour or another raw material into which liquid ingredients are poured before being incorporated.
Fouetter (to whisk)
Action which consists in beating a substance or preparation with varying degrees of force using a utensil known as a "whisk", to mix it, make it lighter, etc.
Force (strength)
Physical development of the dough during fermentation when it becomes less pliable and more resilient.
Fourrer (to fill)
To add a cream or other substance to a cake base.
Fournée
Collective term for products exposed to oven heat at one baking. Quantity of loaves baked at a single time.
Français (French)
Term once employed in bakeries to distinguish bread based on *levain* (natural starter) from "Viennese bread", based on yeast.
Fraser (to pummel/initial kneading)
To pound dough with the palm of the hand to make it smooth and uniform in texture, without adding body.
Frémir (to simmer)
Term used to describe a liquid which is bubbling very slightly, usually just before boiling point.
Frire (to fry)
The cooking of various types of food in oil.

G

Garnir (to fill/garnish)
To fill a preparation (cream, sponge, etc.), a cake base, mould, piping bag, etc. To add certain elements to decorate or embellish a cake or dish.
Glacer (to ice/glaze/brown)
To cover the surface of a cake partially or totally with icing (frosting, water icing, chocolate, etc).
To give a shiny appearance to a cake product, either by spreading syrup on top as soon as it comes out of the oven or by melting icing sugar over the surface by placing back in the oven.
To colour a product under a salamander.
Glisses (dried fruit decorations)
Small stick shapes cut from certain dried fruits (almonds).
Grainer (to granulate)
To alter the appearance of a preparation by causing it to lose its homogeneity; e.g. the granulation of sugar, egg whites, etc.
***Grigne* (tender undercrust alongside knife-cut)**
The result of a well-executed cut which enables the dough to develop due to the expansion of carbonic gases, thus forming the *grigne* or *oreille* ("ear").
Griller (to grill)
To put a preparation in the oven or under the grill to cook it until completely browned.

I

Imbiber (to soak)
To cause a liquid (syrup, alcohol, liqueur, etc.) to penetrate into a preparation, to make it less dry or to give it flavour.
Inciser (to score)
To make notches or cuts of varying depths in a cake using a cutting tool (knife, scissors) to enhance its appearance.
Incorporer (to incorporate)
To mix one substance into another one, or into a preparation.
Incruster (to emboss)
To mark the surface of a cake or confectionery product with decorative motifs using a knife, trimmer, cutter, etc.
Infuser (to infuse)
The action of placing a flavouring substance in a boiling liquid long enough for it to transfer its flavour; e.g. infusing tea in milk.

J

Jette/jeter (to split open)
After being cut, the bread "splits" inside the oven, the cut opens up and the *grigne* forms.
Jeune (green)
Dough which lacks strength.

L

Levain (natural starter)
See *Poolish.*
Lustrer (to glaze)
To cover a preparation with a coating, jelly or clarified butter to give it a shiny appearance.

M

Macérer (to macerate)
To soak fresh, dried or candied fruit in alcohol or an alcohol-flavoured liquid for varying amounts of time to preserve or flavour them.
Malaxer (to soften)
To enhance the plastic quality of certain fats by working them by hand or with a tool.

Manier (to knead)
To work fat and flour with the hands to mix them together; e.g. kneading butter for use in making puff pastry.
Marbrage (marbling)
Fondant icing with a marble-like appearance, e.g. the marbling on a millefeuille.
Marbrer (to marble)
Technical operation for making coloured "veins" on the surface of certain cakes, creating a marble-like appearance. The operation consists in using the end of a small knife to make regular stripes in frosting, jelly, etc., on which parallel lines have already been applied in a different colour.
Marchand de pain (bake-off operator)
French term for a shop-owner who is not a trained baker, but has set up as a baker all the same.
Marchand de vin
A loaf measuring 1.10 m or more, and weighing 700 g once cooked, or a 4-pound split loaf of the same length.
Marrons (caking)
Clumps of flour found either in the dough or baked loaf.
Masser (to crystallize)
To deliberately cause a sugar syrup to crystallize partially or totally.
Mise en planche (placing dough in the trough)
This takes place during the first stage of fermentation.
Mixer (to mix)
The action of mixing or pulverizing several substances in an electric mixer.
Modeler (to model)
To make a copy of a chosen subject using a soft, pliable substance (almond paste, unleavened dough, etc.); e.g. modelling almond paste fruits.
Monder (to blanch)
To remove the skin from almonds, hazelnuts, pistachios, tomatoes, peaches, plums etc., after plunging them in boiling water for a few moments then cooling them immediately.
Monter (to whip)
To beat an ingredient or mixture with a whisk to make it lighter and increase its volume; e.g. whipping egg whites until stiff.
Morveux (excessively slack)
Badly kneaded dough, which is oozing and releasing the water inside.
Mottes (clumping)
These are lumps which form in the flour before use as a result of the bag being packed down tight.
Mouiller (to moisten)
To coat the surface of an oven sheet or mould with water using a pastry brush.
To add a liquid (milk, water, egg, stock, etc.) to a preparation to soften it.
Mouillure (boîte à)
Term for a bowl containing water, generally used for moistening oven sheets and moulds.
Mousser (to foam)
To beat a mixture to make it lighter and more voluminous.

O

Oura (damper)
Vent which is opened while the oven is heating up.

P

Panachée or coupée (mixed batch)
Oven batch comprising a mixture of large loaves and fancy breads.
Parer (to dress/pare)
Enhancing the quality of certain ice-cream preparations by altering their initial shape. Also refers to removing the non-edible parts of certain raw materials; e.g. paring fruit, vegetables, meat.

Parfumer (to flavour)
To transfer a smell, fragrance, taste or aroma to a preparation.
Passer (to strain)
To pour a liquid through a utensil pierced with holes (chinois, strainer, sieve, etc.), usually to separate the impurities from the rest.
Pasteuriser (to pasteurize)
To carry out the pasteurization process with the aim of destroying any germs present in a food preparation.
Pâtissier-viennois (Viennese pastry cook)
Pastry cook who knows how to make bread.
Pâton (puff pastry portion)
French term for a piece of puff pastry which has been layered and is ready for use.
Peler à vif (to peel)
The act of removing the rind from a fruit or vegetable.
Peser (to weigh)
To determine or prepare a given quantity of raw material with the help of scales, by means of a comparison with the weight unit used; e.g. weighing flour.
Pelotée (clumpy)
Term used to describe flour which has formed into hard lumps, usually after being accidentally brought into contact with moisture.
Pétrir (to knead)
To soften and work one or several liquid ingredients to transform them into a dough.
Pétrissage amélioré (high-speed kneading)
Method of kneading carried out at high speed over a shorter time than the intensive method.
Pétrissée (dough batch)
Final dough obtained after mixing the raw materials incorporated during kneading.
Pile (stack)
Loaves in bread-baskets, arranged one on top of the other on a trolley, before going into the oven.
Pincée (pinch)
Quantity of raw material which can be taken between two fingers with a pinching movement.
Pincer (to pinch)
Operation which consists in enhancing the appearance of the edges of a tart, pâté, pie, etc., either by making small grooves using cake tongs, or by pinching pieces of pastry repeatedly between the fingers all the way round.
Piquer (to prick)
To make small holes in the top surface of a rolled-out piece of pastry, with the aim of preventing the formation of blisters during cooking.
Plat ("flat")
Dough or bread which rises in a flat shape, lacking in strength.
Plancher (ageing)
This refers to the amount of time a flour needs to rest between manufacture and use.
Pointer (first proof)
Term for the first stage of yeast fermentation, following the kneading process, which can last for varying amounts of time.
Pointage/piquetage (first proof)
Period of fermentation between kneading and the shaping of the first loaf.
Polymerisation (Polymerization)
The combining of several molecules of a component into one big molecule.
Poolish (sponge starter)
Preparation obtained through a mixture of flour, organic yeast and water, or through a mixture of flour with a yeast made from natural dough ("sourdough"), and which is used in fermenting the doughs to which it is added.
Pousse (rise)
Term used to describe the

fermentation of a dough.
Pousse (rise)
Increase in volume of a dough due to fermentation.
Characteristic development of puff pastry during cooking.

R

Rafraîchir (to remix/chill)
To revive the appearance of a dough, especially one made with a natural starter, which has lost its freshness, by adding water and flour.
To place a preparation in a refrigerated container to cool it down.
Rayer (to stripe)
To use a paring knife to make parallel stripes on the surface of certain types of cake which have been glazed beforehand, so as to enhance presentation.
Réduire (to reduce)
To decrease the volume of a preparation by means of slow evaporation; e.g. reduce a coating, sauce, etc.
Relâcher (to collapse)
Term used to describe doughs and creams which go soft a short time after they were made; e.g. a cream filling can collapse.
Repère (guideline)
Mark made on a cake to facilitate decoration, cutting or assembly.
Retomber (to sink)
Term used when the volume of a dough, mixture or meringue has diminished after increasing during whipping or cooking, depending on the product in question; e.g. sponge cakes can sink, as can egg whites, etc.
Rioler (to make latticework)
To place strips of pastry at regular intervals on the top surface of a cake, in a criss-cross pattern.
En rive (to the side)
Inside left or right of the oven. To place a loaf *en rive* means placing it on the side.
Rognures (scraps)
Trimmings left over after cakes have been cut or trimmed.
Rompre (to punch down)
The action of beating a dough back to its original state after being left to rise for some time. This makes fermentation more active and gives the dough greater strength.
Rond ("round")
One of the appearances of dough during fermentation and which is a sign of excess strength.
Rondine ("blind")
Term used to describe a loaf with no *grigne.* This fault is due to an abnormal dough, or to bad baking conditions (oven too hot, for example).

S

Sabler (to rub in finely/sand)
Operation which consists in rubbing flour together with fat until a mixture of a slightly sandy consistency is obtained.
The action of crystallizing cooked sugar by stirring it with a spatula until a granular, sandy mass is obtained.
Saisi (under-developed loaf)
A product which is generally under-developed, having been placed in an oven well above the normal temperature, often producing an over-browned and undercooked product.
Saisir (to seal)
To expose a preparation to very strong heat.
Saupoudrer (to dust)
To sprinkle a powdery substance (icing sugar, flour, cocoa powder, etc.) over a preparation using a glass container known as a "dredger", which has a lid pierced with tiny holes.
Serrer (to knock back)
To press or roll a yeast dough to get rid of carbonic gases during the shaping operation. This smooths out the dough pieces and gives them body; e.g. knocking back balls of brioche dough.
Singer
To dust with flour.
Siroper (to soak in syrup)
Term used when the bottom of a cake is soaked in syrup.
Sole (sole)
The part of the oven in which the loaves are placed for baking.
Soudure (seam)
See clé-moulure.
Surgélation (deep-freezing)
Ultra-rapid freezing. A process which consists in stabilizing food products by subjecting them as rapidly as possible to a drop in temperature sufficient to obtain a temperature equal to or lower than - 18°C throughout the product.
Deep-freezing is carried out in machines in which the temperature can vary from - 40°C in the artisan sector to - 196°C in industry. This latter process enables the maximum crystallization zone to be reached very rapidly and enables the cells in each product to be maintained in their initial state without destroying them.

T

Tamiser
Action which consists in shaking a sift containing a powdery substance, with a horizontal movement, so as to remove any lumps or impurities.
Tour
1. French name for the wooden lid for the box once used as a kneading trough.
2. See *tourer*
Tourer (layering procedure)
The action of rolling out a piece of puff pastry, then folding it back on itself into 3 or 4 equal parts, thus constituting a layer each time.
Tourne à clair
Term used to describe a loaf which has begun to rise with the smooth part in contact with the canvas.

V

Vert (green)
Term used by French bakers to describe a dough which is oozing out moisture. A "green" bread basket is one which has just been used.
Vert is also the opposite of *croûté* (skinned).
Viennois (Viennese)
Cf *Français* (French). This term was once used to describe a loaf made with yeast, in contrast to French bread, made with a natural starter.
The word has evolved in a broader sense and now refers to fine bakery products (Viennoiserie).
Also used for a baker who makes this type of product or, by extension, a baker able to make both bread and cakes.

Note on types of flour

The French terms for flours used in this book have no exact equivalents in English. However, they correspond more or less to the following definitions:

45-grade: soft flour generally used for cakes and pastries.
55-grade: strong bread/all-purpose flour.
65-grade: high-gluten flour.

Remerciements | Acknowledgements

Les auteurs tiennent à témoigner leur reconnaissance à toutes les personnes et établissements qui ont apporté leur précieuse collaboration à l'élaboration de cet ouvrage :

à Messieurs Gaston Lenôtre et Marcel Larcher, pour leur préface,

à Monsieur Jean-Pierre Chalangeas et à la société Matfer, pour le prêt des ustensiles et des outils,

à Monsieur Jean Brulfert, pour le prêt du matériel et son aide apportée lors des prises de vues,

à Mr Derek Williams, du British Association of Master Bakers, pour son aide importante à la traduction anglaise,

à Monsieur Moussa Elibrik-Delescluse, pour ses prises de vues,

à Madame Janice Herrmann, pour son aide sur le manuscrit,

et à toute l'équipe de l'ECOLE LENÔTRE, pour l'esprit de corps et la foi exprimée à travers les réalisations de cet ouvrage.

The authors would like to thank all the individuals and establishments who kindly assisted in the preparation of this book:

Mr. Gaston Lenôtre and Mr. Marcel Larcher, for their preface,

Mr. Jean-Pierre Chalangeas and the Matfer company, for the loan of utensils and tools,

Mr Jean Brulfert, for the loan of equipment and the help provided during photo sessions,

Mr Derek Williams of the British Association of Master Bakers, for his invaluable assistance with the English translation,

Mr. Moussa Elibrik-Delescluse for the photography,

Ms. Janice Herrmann for her help with the manuscript,

and everyone at the ECOLE LENÔTRE for the team spirit and faith they expressed through the creations in this work.

Crédits photographiques **Photo credits**
Mousssa Elibrik-Delescluse

Traduction anglaise **English translation**
Rebecca Reid

Création graphique **Graphic design**
Abigaïl Nunes
Maquettes et montage PAO **Artwork and DTP**
Abigaïl Nunes
assistée d'Inès Bastos
Responsable d'édition **Project editor**
Janice Herrmann
Éditeur **Editor**
Jean-Pierre Chalangeas

Photogravure **Photoengraving**
La Cromolito, Milan
Impression **Printing**
Grafiche Milani, Milan

Achevé d'imprimer en Italie
en juin 2002 sur les presses de Grafiche Milani
Dépôt légal: juillet 2002, 4e impression

Ouvrages déjà parus

BOULANGERIE/PÂTISSERIE

LE COMPAGNON PÂTISSIER, t1 et t2
de Daniel Chaboissier
Grand Prix du meilleur ouvrage 1983
de l'Académie nationale de cuisine

LE COMPAGNON BOULANGER
(synthèse technologique et pratique du boulanger moderne)
de Jean-Marie Viard
Prix du meilleur ouvrage 1984
de l'Académie nationale de cuisine

L'ENCYCLOPÉDIE DES DÉCORS
(2e éd. mise à jour)
de Daniel Chaboissier et Armand Jost
Grand Prix du meilleur ouvrage 1986
de l'Académie nationale de cuisine

LE GOÛT DU PAIN
de Raymond Calvel
Grand Prix du meilleur ouvrage professionnel 1990
de l'Académie nationale de cuisine

LA FANTAISIE DES CROQUEMBOUCHES
de Daniel Chaboissier, Armand Jost et Yves Pegorer
Prix de littérature culinaire 1992
de l'Académie nationale de cuisine

LE TRAVAIL DU SUCRE: LES FLEURS
de Jean Creveux
Ruban bleu de l'enseignement, Intersuc 1992
Prix de littérature culinaire 1992
de l'Académie nationale de cuisine

PAINS DÉCORÉS ET PIÈCEC ARTISTIQUES
de Roger Auzet

LE CAHIER DE DESSIN DU PÂTISSIER
de Daniel Chaboissier

PAIN, PASSION & FANTAISIE
de Rose-Marie Lefetey
Mention spéciale du Jury 1994 (ouvrages professionnels)
de l'Académie nationale de cuisine

COMPAGNON ET MAÎTRE PÂTISSIER, t1 t2 et t3
de Daniel Chaboissier et Didier Lebigre
Prix de littérature culinaire 1994 (ouvrages d'enseignement pour le t1)
Prix de littérature culinaire 1996 (pour les t2 et t3)
de l'Académie nationale de cuisine

20 MEILLEURS OUVRIERS DE FRANCE
ET MÉDAILLÈS D'ARGENT SE DÉVOILENT
ET NOUS OFFRENT LEURS RECETTES CHOISIES
L'Équipe de France de boulangerie
Grand Prix de Littérature culinaire 1994 (ouvrages professionnels)
de l'Académie nationale de cuisine

LES RECETTES GLACÉES
de l'ECOLE LENÔTRE
Grand Prix de Littérature culinaire 1996 (ouvrages professionnels)
de l'Académie nationale de cuisine

LES PAINS ET VIENNOISERIES
de l'ECOLE LENÔTRE
Grand Prix de Littérature culinaire 1996 (ouvrages professionnels)
de l'Académie nationale de cuisine

LES TRAVAIL DU SUCRE: DÉCORS DE FÉERIE
de Jean Creveux

LES BUFFETS SUCRÉS
de l'ECOLE LENÔTRE

VINS

ŒNOLOGIE ET CRUS DES VINS
de Roger Piallat et Patrick Deville
Mention spéciale du Jury 1984
de l'Académie nationale de cuisine

BOUCHERIE / CHARCUTERIE/TRAITEUR

LE COMPAGNON CHARCUTIER, t1 et t2
sous la direction de Jean-Claude Frentz
Prix du meilleur ouvrage 1986
de l'Académie nationale de cuisine

LE COMPAGNON TRAIEUR, t1 et t2
de Jacques Charrette et Guy Aubert
Prix Trombetta 1993

L'ÉCLAT DE VOS BUFFETS ET RÉCEPTIONS
de Claude Barrère et Gérald Martin
Mention spéciale du Jury 1994 (techniques nouvelles)
de l'Académie nationale de cuisine

TOURTES ET PÂTÉS CHAUDS
de Georges Delangle

LES BUFFETS SALÉS
de l'ECOLE LENÔTRE

CUISINE

MÉTHODE DE TECHNOLOGIE CULINAIRE t1 et t2
(version « professeur » et version « élève »
destinée à être complétée avec l'aide du professeur)
de Jean-Pierre Sémonin
Prix du meilleur ouvrage 1983
de l'Académie nationale de cuisine

VINGT PLATS QUI DONNENT LA GOUTTE
de Édouard de Pomiane
Co-édition Ph Fraisse/Jérôme Villette

LA CUISSON SOUS VIDE
de Alain Poletto
Prix de la meilleure technique nouvelle 1990
de l'Académie nationale de cuisine

LES TOURS DE MAIN DE LA CUISINE
(2e éd. mise à jour)
de Jean Pierre Sémonin
Grand Prix du la meilleur ouvrage d'enseignement 1990
de l'Académie nationale de cuisine

LA CUISINE DES POISSONS D'EAU DOUCE
de Jean-Pierre Sémonin et Jean-Claude Dupont
avec le concours d'Alain Rosier
Grand Prix de littérature culinaire 1992 (ouvrages professionnels)
de l'Académie nationale de cuisine

CUISINEZ COMME UN " PRO "
Recettes choisies
Préface de Denis Ruffel
Prix de Littérature culinaire 1994 (ouvrages Grand Public)
de l'Académie nationale de cuisine

LA LIVRE DES CRÊPES
de Catherine Merdy-Goasdoué
Mention speciale du Jury 1996
de l'Académie nationale de cuisine

LES DÉCORS FINS
de l'ECOLE LENÔTRE